U0680120

中华诵

经典诵读行动
名师对话系列

# 我们太缺一门叫生命的学问

薛仁明 | 王肖

著

中华书局

**图书在版编目（CIP）数据**

我们太缺一门叫生命的学问/薛仁明,王肖著. —北京:中华
书局,2018.4（2023.6 重印）
ISBN 978-7-101-13019-5

Ⅰ.我⋯ Ⅱ.①薛⋯②王⋯ Ⅲ.中华文化-研究 Ⅳ.K203

中国版本图书馆 CIP 数据核字（2018）第 000473 号

| 书　　名 | 我们太缺一门叫生命的学问 |
| --- | --- |
| 著　　者 | 薛仁明　王　肖 |
| 责任编辑 | 李　猛 |
| 责任印制 | 陈丽娜 |
| 出版发行 | 中华书局 |
| | （北京市丰台区太平桥西里 38 号　100073） |
| | http://www.zhbc.com.cn |
| | E-mail:zhbc@zhbc.com.cn |
| 印　　刷 | 大厂回族自治县彩虹印刷有限公司 |
| 版　　次 | 2018 年 4 月第 1 版 |
| | 2023 年 6 月第 5 次印刷 |
| 规　　格 | 开本/880×1230 毫米　1/32 |
| | 印张 10⅛　插页 2　字数 200 千字 |
| 印　　数 | 20001-22000 册 |
| 国际书号 | ISBN 978-7-101-13019-5 |
| 定　　价 | 50.00 元 |

# 自　序

多谢王肖。

这几年来，我在两岸陆续出版了几本书；往后，应该还有一些新书面世。这些书，要不，我写；要不，我讲。可不管是写或讲，总会有我一条清晰可辨的思路。思路清晰，当然是好，但有时也是个局限；因为少了些鲜活、少了些火花，也少了些意料之外。

谢谢王肖给了这些鲜活、火花，与意料之外。王肖在媒体工作，很清楚大家关心些什么；她在中国国际广播电台主持多年的《孔子学堂》，很了解眼下国学热的虚与实；早些年间，她还在重点高中担任过语文老师，因此，谈起教育，熟门熟路，完全是内行人说内行话。除此之外，王肖还是个不多见的冷静的文艺女青年。涉猎多，兴趣广，问答之间，天马行空，"瞎说闲扯"，硬就这么"逼"出了我在其他书中鲜少触及的诸多细节。

先秦以前的典籍，至今流传最广的，应该就是《论语》吧！至于隋唐以后，影响最大、渗透最深的，大概是禅宗的语录吧！不管是《论语》，还是禅宗语录，大家之所以读之不倦，其实就在于书里头的"应机"。因为"应机"，所以真实，所以电光石火，所以全盘皆活。

我喜欢看小学生上学。他们走路，当然是为了去学校。可这路上，他们会游玩嬉闹，他们会东张西望，有时摘摘花草，有时也踢踢石头。总之，一派新鲜、生意盎然，好玩得很！

这本谈话录，如果读者读了，能觉得好玩，更觉得"应机"，那就是我和王肖最大的荣幸了。

薛仁明

2017年9月

# 目　录

## 第一篇　教育就是打开生命的气象

# 第一篇

## 教育就是打开生命的气象

# 1.什么样的实验教育有未来?

王　肖：前两天，有同事突然跟我说，有几个朋友正竭力劝说他，把即将进入幼儿园的女儿送到一家私塾。一旦送到私塾，就意味着今后的教育规划脱离了现行的教育体制。提建议的人之所以如此建议，是因为现在的学校教育只能教一些比较专业的知识，而不具备一套真善美的价值体系。对于孩子的成长来说，解决了自身问题、建立了价值体系之后，职业只不过是一个方向性的选择。对于这样的建议，我的同事颇感犹疑，后来，他还是给女儿选择了幼儿园。其实，办私塾这件事，也就是最近这八九年才开始在大陆渐渐多起来的，不知道台湾那边的情况怎么样？您觉得当今时代为什么有人想要办私塾了呢？

薛仁明：相较起来，台湾开办私塾的情况稍早。在二十几年前，一是台湾的应试教育恶化；二是教育只专注知识传授；三是经济发展到了一定水平之后，有人开始行有余力，并愿意尝试一些新可能。他们最初成立了一些体制外的学校，比如森林小学、华德福学校等，后来，政府慢慢开放了在家自学，于是，具有传统文化精神的私塾便开始多了起来。

至于现阶段的大陆，有人想办私塾，可能与眼下方兴未艾的国学热有关。这两者都是中国人想找到真正的文化身份，想借由文化的肯定与珍重来找回自己。具体说来，一方面反映出目前教育体制内的问题的确不小，他们觉得私塾或许可以解决一部分的问题；另一方面，这其实也是中国教育的某种回归。毕竟，在中国的历史中，除去近代这一百年之外，私塾一直是中国教育的真正主流。回到这样的历史主流，对于文化的复兴、对于下一代找回自己的文化身份，都会有一定的帮助。

王　肖：**您曾当过中学老师，但是您自己的三个孩子都是在家自学。当初有这样的想法，不会是别人规劝的吧？**

薛仁明：让孩子在家自学的想法，真要追溯起来，其实很早。早在我还没有结婚，当然也没有小孩之前，就有这样的念头了。

我自己在中学教书多年，很明白现今教育体制的问题有多大。教得越久，越清楚眼下这种照搬西方的教育体制实在没办法担当中国教育的重责大任。但是，如果真的下决心让孩子"在家自学"，毕竟兹事体大，还是得因缘俱足，草率不得。再说，现今的体制问题虽大，但我知道，有时候小孩还是得学会在体制下生存，我不喜欢把小孩的成长环境弄得像是无菌室一样。换句话说，我对现行的教育体制虽然有意见，却不会完全排斥。虽然我觉得我的小孩现在在家自学会好一点，但如果哪天形势变了，需要回归现行的体制时，我也不觉得是件多严重的事。因此，常常有人问我，小孩子要在家自学多久？我总是说，我也没有特定的想法，一切随缘吧！如果有一天，他们真要回学校也无妨。

我其实不喜欢、也不习惯把事情给绝对化。学校固然有学校的问题，私塾或者在家自学也一定会有自己的问题。相对来讲，私塾或者在家自学在许多方面比现在的学校好一点，但我相信，现行体制所培养的那些小孩，有可能比私塾里培养出来的更好。谈及私塾的问题时，一定要清楚其局限性与不可预估性，先别把它绝对化，这样会比较全面一些。

王　肖：追溯起来，"学校""教育"这些词从日本传到中国，也不过百年，我自己也当过中学语文老师，我的体会是，今天的中国社会，包括多数校长和老师在内的很多人，对学校的定位、功能，以及家庭在教育过程中应该承担的责任，等等，其实并没有达成一个相对清晰的基本共识。

薛仁明：简单地说，现今教育的根本问题，是因为我们移植了一个不符合自己文化的基因、甚至与自己的文化基因相背离的学校教育架构。大家知道，现今海峡两岸，从小学到大学，实行的都是西方的教育架构。这种架构存在的问题之一，是只专注于知识层面，很难对学生的人格与生命气象产生教育的力量。在西方的传统里，他们习惯于二元分割的世界——属灵的世界与世俗的世界原本就切割开来。属灵的事归教会负责，教授世俗的知识则是学校的责任。因此，学校教授知识，其本身就是一个世俗的机构。可是，这样的学校，一旦移植到中国，就必然要出大问题。一方面，中国没有西方那样的教会系统，另一方面，中国人的世界从来不是二元分割的。对于中国人而言，形而上与形而下是一体的，属灵的世界与世俗的世界也是不可分割的。中国传统的教育，向来是既教授知识，又更关注修身；既关注现实，又更关注生命的安顿。今天体制内的学校，在知识或者就业上，当然有其便利性，毕竟，它设计的教育目的本来就是如此。但如果学校只是孤零零地专注在知识层面和技术层面，社会就难免出现价值真空、道德崩溃的困境。如果小孩完全融入这样的体制，也必然要面临精神空虚的问题，而且年龄越大，这个问题就越凸显。

现今教育的问题之二，是即使只谈知识，学校所讲的知识也有着很大的偏差。直到我年龄很大了，才猛然发现，自己在台湾所受的学校教育，教科书里所有关于身体的知识，比如小学、初中的健康教育与初中、高中的生物课等，内容完完全全是以西方为中心。这些教科书里讲的纯粹是西方概念，连一个中医的词语也没有，好像只有西方人才懂身体似的。近十几年来，我基本只看中医，不看西医。我对中西医的优劣长短日益清楚之后，更觉得学校的身体教育简直荒谬。像我父母亲都没受过学校教育，都是文盲，但他们起码还知道些食物的寒凉温热，也知道些基本的饮食宜忌。至于我，一直到台大毕业后，还没有这方面的基本常识。

教科书的西方中心化，当然不仅仅在于身体教育，其实所有的科目，几乎都有类似的问题，甚至连语文课那种充满概念分析的讲述法，也都受到西方很深的影响。中国人学语文，根本就不该是语文课上的那种学法。上回我在重庆，就听精典书店老总杨一说道，幸亏他以前上语文课都在睡觉，现在才始终保持着对传统文化的喜爱；而当初语文课上认真听课的同学，现在大都不愿意看书、接触传统文化了。

学校的知识如此彻底的西方化，这就意味着，当你受越多的教育，常常会离自己骨子里的文化基因越远；这也意味着，当你受越高深的学校教育，通常的结果，就是你越不清楚自己心灵的家在哪里，使得你常常陷入精神上无家可归的彷徨。这是当代中国读书人的集体悲剧。

今天谈到私塾，或许可尝试着解决上述的问题，也或许可以让一些悲剧不再发生。

**王　肖：其实，私塾对"先生"的要求更高。在一个习惯了用学历、教龄、职称等标准来评价老师的社会认知体系中，"私塾"好像有一种让人回到原始社会去冒险的感觉。**

薛仁明：如果回到中国的教育传统，就必须承认孔子所说的"人能弘道，非道弘人"。人，才是一切的根本。人的生命气象与器识格局，才是教育的关键。除此以外，用任何标准化的东西来评价老师，都无关宗旨，甚至在根本上就是错乱的。

讲得更简单些，只要能遇到一个好的老师、一个明师（我所谓的"明"师，是明白的老师，而不是社会上通常所谓的"名"师）。如果把小孩放到他身边，我们自然就会比较放心。小孩在他身边经过几年的熏陶，生命气象或多或少会好一些。当然，我们不敢说会好多少。毕竟，老师的教育能量，还是有局限性的。办教育的人，常常喜欢高估教育的能量。现在大家面临的一个共同问题是，我们都不太愿意诚恳地面对自己的有限性。办教育的人，动不动就把教育讲得非常伟大，动不动就说我们可以改造什么。可实际上，教育的功能何其有限。老师或家长，都有必要把自己的有限性传达给小孩，这对他们会有帮助的。你要让他知道，老师或者父母，能帮他做的，其实很有限。他生命中的绝大部分事情，还是得靠自己。我在家里，对三个小孩其实管得不多，只是给他们提供些大方向。这就是为什么我家有三个小孩但不觉得累，也不觉得有那么多事情的原因。如果管得太多太细，不仅会把自己累得够呛，甚至管得太细的本身，就是一种逾越，逾越了我们当师长该守的那条底线。

我们再回头来谈谈私塾。目前，我觉得大陆首先可以做的，就是让私塾合法地存在。换句话说，中国的教育可以开始慢慢地出现一定程度的双轨。政府在基本规范的体制之外，可以让教育更自由一点、空间更大一点。自由一点、空间大一点，同时意味着存在风险，但实验性的东西都是如此，比如改革开放。中国也需要有一些教育的"特区"，需要有不同于现行教育体制的东西。如此一来，才可能把中国教育的整个气脉给打通。更关键的是，透过这些实验性的东西，可以促使教育向中国的传统文化真正回归，让教育更贴近我们每个人的文化基因。受教育，就是找到自我，而不是迷失自我。这么一来，中国教育就与目前的文化重建绾合在一起，这是一件根本大事，政府责无旁贷。

王　肖：对您这样的看法，目前有一部分人会持怀疑的态度，还有一部分人，则是举棋不定，仍在观望。比如私塾这个问题，它未来的发展可能还会有一些变化。通过办私塾可在现代人与中国传统文化之间重新建构比较

**亲密的纽带，在目前看来，还是比较困难。**

薛仁明：我的想法是，可以先让两者并存。也就是说，在体制之外，政府慢慢开放私塾的种种可能性。一如现在的台湾，既有体制内的学校，也允许"非学校形态实验教育"的存在。这样的"实验教育"，可以有各式各样的操作方式，既可以是私塾，也可以是家长互助共学，还可以是在家自学。即使是在家自学，和体制内的学校还是可以维持某些联系。比如说，我家的小孩目前还会到学校定期参加考试，他们仍然保留学校的学籍，如果想重返学校，还可以回去。因此，我们依然使用体制内的教材，每天大概花两三个小时研读就够了。当然，也有一些"实验教育"，没打算与体制内学校维持联系，他们就完全不用体制内的教材。

王　肖：**我很好奇，如果在家自学的话，比如在你们家，小孩遇到不会做的题目怎么办？**

薛仁明：找我内人呀！偶尔她教二女儿数学教得没耐性，会找我帮一下忙。因为我二女儿的学习接受能力较弱。除此之外，辅导小孩功课的事通常是由她处理。

王　肖：**所有问题都能解决吗？尤其遇到比较难的题目时。**

薛仁明：不难吧！初中毕业之前的题目，应该都不算难。

王　肖：**那是因为你们家有这个先天优势。**

薛仁明：对！所以也不是每个人都可以这样做。有些人会考虑送到私塾，有些人则不妨考虑组织个共学团体。

我的意思是，这些"实验教育"，尽可以有各种操作方式。比如说私塾，如果你能办得彻彻底底，办得像王财贵先生那样老老实实就只是读经，其实也很好。各种不同的操作形式，都无妨。只要在大方向上，政府愿意放宽教育这一块区域，开放一些教育特区，许多看似实验性却具有真实生命的东西，自然会慢慢出现。一部分人先这么做，过一阵子就可以反馈给体制内的学校。等到做得成熟，且做出成绩之后，再进一步思考如何调整现行的教育体制。

当孩子到了十八岁，再继续往上学，就如同我的《以"书院"取代大学文科刍议》*一文所提，所有的中国学问，不论是儒释道、经史子集，还是中国音乐、美术、建筑与医药学，都应该从现今西方架构的大学体系中彻底独立出来，另外成立一个体系，暂且称之为"书院体系"。在这个书院体系中，一可以结合学问与修行，让学生的生命得以安顿，不再孤零零地只是追求知识与技术；二可以建立中国式的生命观与世界观，重新绾合学生自身的文化基因；三可以用中国人的思维与语言来重做中国学问，不再像今天学院里"西体中用"做法，即用西方知识与概念来分析中国学问，

---

* 2014 年 4 月 27 日，作者在北京大学做的一场专题讲座，后由澎湃新闻网整理成文字稿发表。

进行所谓的学术研究，弄得中国学问了无生趣、奄奄一息。这样的书院，培养的是中国文化的自觉者。这些人必须有古代士人的气度与担当，如果中国要行王道于天下，依靠的就是这批新时代的士人。而要培养士人，就要从建立书院做起。

王　肖：说到大学，我记得有阵子，大陆教育界突然意识到，为什么今天很多科学家不会写文章，或者说写得佶屈聱牙，于是便开始怀念有艺术修养、有人文情怀的中外科学家，大学呢，就开始效仿西方的大学，倡导通识教育。

薛仁明：西方所说的博雅教育，或者说通识教育，台湾引进了很多，也学了很多年，可到头来，效果极其有限。学生都知道，那种课最好混，上课轻松且给学分又大方，所谓通识学分，就算了结了。这样的课程，与原来期待的通识与博雅教育，当真是八竿子打不着，毕竟那都是西方概念的产物。西方大学通识教育的真正成效如何，我们姑且不论，但引进中国之后的效果不彰，却是千真万确的。

在我看来，与其空谈注定成效不彰的通识教育，还不如回过头来，重新建立中国式的书院体系。书院一旦办得好，就可进行分流。正规的学生，修习四年或者可以更久，目标就是培养新时代的士人。此外，书院还可以广辟先修班，让所有的大学生在入学之前，都能去书院修习个一年半载，接受真正的中国教育，打好中国生命学问基础。然后，再去读大学，再去追求专业知识，他们就不易陷入生命失落、精神空虚的困境。有了最起码的中国文化熏陶，比起所谓的通识教育，更能让这些专业人才受益终身。

王　肖：**有时我会天真地以为，现代学校教育的知识至上主义，是因为生存压力所致。像我外公外婆那辈人，家里有四五个小孩，却不觉得有多辛苦。虽然孩子长大后，不算优秀，也就是个普通人，可在外人眼里，他们都很谦和、温良、勤勉。然而，从独生子女这一代人开始，常常是四五个大人围着一个小孩转。全家人的辛苦付出，都是为了让小孩的社会竞争力变强。可也因此，人对人的评判标准就改变了，不论大人小孩，大家都觉得活得好累。**

薛仁明：他们何止是辛苦、何止是累，恐怕更大的苦痛还在后头呢！再过几年，他们可能会发现，费了这么大的苦心，成效却从来不会成正比。这些被苦心栽培的小孩的素质，很可能不但不会好，反倒更差。

就说台湾吧。家长们整天焦虑着小孩未来，整天说"别让孩子输在起跑线上"，大概也就是这二十几年的事。这二十几年，许多父母从胎教开始，就进入备战状态。为此一个个用尽手段，一心一意要让自己的小孩素质高、竞争力强，唯恐将来在社会生存的压力之下惨遭淘汰。按理说，大家这么全力以赴，所培养出来的台湾年轻人应该是极优秀、极有能量的一辈，然而不幸的是，结果恰恰相反。台湾目前除了少数惯于讨好年轻人的媚俗者之外，许多人都在纳闷："台湾的年轻人怎么了？"更多的企业主则在问："这一辈年轻人的竞争力都哪里去了？"

很吊诡的是，他们这一辈，从小被极力栽培，长大后却是这个模样。他们幼时拥有最多的书籍，长大后，却对阅读提不起兴趣；他们中有许多人从小就被送去学钢琴，长大后，对音乐的品味则是空前恶俗。我想，这些父母，大概都陷进了某种迷思。这样的迷思，不仅仅在家长，即使教育部门，也陷入了同样的迷思。台湾这些年来，一直说学校的班级人数减少，就会对学生有利，就会有助于学生的学习成效。乍听之下，似乎有理。毕竟，每个学生平均获得的教育资源的确变多了，受到老师的关注度也增加了。可是，当每个班级的学生人数从二三十年前的五六十人慢慢减少到现在的三十人之后，你会发现，学生的学习成效并没有预期的上升，反倒是逐年下降了。换句话说，如果按照顾的程度来讲，当然是班级人数越少越好，但是教育的根本并不在于照顾。照顾，那是幼儿园的事；事实上，即便是幼儿园，也未必是照顾越多就必然越好。教育的根柢，其实是整个生命的启发。呵护过多、安排过甚，通常只会妨碍生命的启发。生命的启发，与无微不至的照顾无关，只与能否准确对应有关联。比如说，小孩犯错了，我们该"修理"时，有没有办法"准确地"修理；该批评教育时，有没有办法"准确地"批评教育，有没有办法"准确地"说到点子上。如果能三言两语说到点子上，那你还整天照顾他干吗呢？

## 2.体罚孩子究竟该不该?

王　肖: 您会体罚孩子吗?

薛仁明: 会。我的三个孩子,我都打过。

王　肖: 女孩子也下得了手吗? 还是只象征性的打?

薛仁明: 会。男孩女孩都打过,差别不大。不过,其实打得也不多。打他们并不是象征性的打,而是拿根小藤条,打手心。

王　肖: 我妈妈是小学老师,以前她经常会用小尺子打小孩子的手心。我常常听妈妈讲,其实那些被打过的孩子往往跟老师更亲。有些小孩虽然调皮,但挨了打之后,过会儿还是会黏过来,跟老师聊天。我现在回想起小时候,看到有的同学被老师打,也不会歧视或可怜人家什么,这其实是挺可爱的一种惩罚方式。在台湾的话,打孩子会有类似110的报警电话吗?

薛仁明: 有。台湾有类似的电话号码113,叫作"家暴专线"。

教育专家将修理小孩称为"家庭暴力"。

我几年前在北京做的一场讲座中，有位老师问了我关于体罚的看法，我回答之后，她似乎很满意。我想，她大概很少遇到这么干脆利落、毫不躲闪的答案吧！我的回答是：关于体罚，我不仅是赞成，而且身体力行。体罚这事，大陆的情况我不知道，在台湾，几乎没人会公开赞成，即使很多人会在家里体罚小孩。一来他并不觉得体罚小孩是对的，有点心虚；二来畏惧舆论压力，也不敢公开标举。我当时举了一个例子，马英九还在台北当市长时，有一回，有个市议员在议会质询市府的官员：你们在家里从来没有体罚过小孩的举手。结果，只看到两个人举手。至于那些没举手的官员，一个个低着头，好像做错事的小孩似的。当时我的感觉是：真是一群窝囊废！如果是这样的担当与气度，他们凭什么可以当官员！连自己的对错竟然都搞不清楚。曾几何时，体罚竟变得如此罪大恶极了?!

王　肖：也不知从何时起，大家形成了某种"伟大"的共识："打孩子是人类文明的倒退"，有教养的父母是不会对孩子动手的。

薛仁明：老实说，在这种"共识"之下，最后会使孩子变得嚣张、变得蛮横，那是我们自作自受。谁叫近百年来我们的教育这么西方化。好像几千年来中国人教小孩的方法都是错的，好像中国人都不懂教育似的。

以前我在中学教书，很清楚地感觉到，那些比较西化的家庭，家长越是标榜从不体罚小孩，小孩性情乖戾的比例就越高，以自我为中心的可能性也就越大。性情好的小孩，通常是成长在管教合度，既不太过也无不及，更从来不标榜"不体罚"的那种传统家庭。这种传统家庭里的小孩，一点儿都不会没教养。因此，我家里的三个小孩，我都打过。

当然，小孩不能乱打，也忌讳滥打，但是，如果处罚能与他的犯错符合比例原则的话，小孩都会服气，通常也都会有效果。所以，我写过一篇文章，标题就叫作《小惩大诫》。《易经》有句话说，"小惩大诫，吉"。打个手心，给小孩一点你所说的"挺可爱的一种惩罚方式"，因此得到很大的警惕。这就孩子而言，当然是件好事。我的小儿子薛朴，在上小学一年级时，中午在学校吃营养午餐，必须自己打饭，自己带汤盆汤匙。有一次，他的班主任中午打电话给我，说薛朴那天忘了带餐具，老师对薛朴说，没关系，你先用公用的，但是，薛朴死活都不愿意。

**王　肖：**薛朴是有洁癖、嫌不干净吗？

**薛仁明：**也不是。就是偏执得不肯。后来，老师又劝了几回、讲了几句，结果，薛朴就哭了。薛朴平常就爱哭。这一哭，老师没辙，就打了电话给我，问我方不方便把薛朴的餐具送到学校。当时，我直接拒绝，说我绝对不能做这事。薛朴要么就拿公用餐具，要么就别吃。如果坚持不拿公用餐具，就不必让他吃中饭。一顿饭不吃，没什么了不起，反正是咎由自取，别同情他。放学后，薛朴一回来，我就修理他了。我对他说，修理的原因，不在于你没带餐具，而是因为你没带餐具之后，老师要你暂时先用学校的餐具，你不但不听话，竟然还要赖，还胡闹。所以，我就得处罚你。于是，就拿了藤条，打他三下手心。

其实，小孩子做错事，惩罚他，他心里是知道他自己不对的。只要知错，他就能从中受益。有人会说，你这样的体罚，会造成小孩心理创伤的。我说，算了吧！如果打这么几下手心，就会有创伤的话，那么，他将来的人生，肯定会有没完没了的创伤。你越是要呵护他，越把他弄成温室中的花朵，将来随便一点打击、一点点不如意，都足以让他伤痕累累。你如果教出一个动辄受伤、轻易就伤痕累累的小孩，那才真是大麻烦。

**王　肖：**这让我想起一句特别通俗的老话："自己的孩子不教好，将来出去，就得由别人好好教。"

**薛仁明：**是的。现在我们当父母、做老师的来迁就你，将来进入社会，谁迁就你呀！对不对？这本来就是个很可笑的问题。今天被打两下手心就觉得受创伤的小孩，我相信，的确有。可这种孩子，是特例。他们这种特殊人格，任何一点芝麻小事，都会记恨你一辈子的，是不是？这种小孩，我们当然可以不体罚他，但是，只要犯着了他、让他稍不如意，他同样可以伤痕累累的。换言之，创伤不创伤跟体罚不体罚，其实几乎不相干。恶性的体罚，当然要禁止。师长情绪控制不住，把小孩乱打一通，这也绝对要受谴责。可是，我们不能因为少数的恶性体罚，就把所有的体罚讲成野蛮落伍，甚至完全禁绝，这就是典型的因噎废食。事实上，在合理范围内的体罚，是必要的。

**王　肖：** 像我们家，我妈妈就会打我哥哥，我比较听话一点，又是女孩子，所以就一直没有被体罚过。您是觉得对女孩子也要一视同仁，对吗？

薛仁明：倒不是。我并没有特别讲一视同仁的问题。很简单，只要是小孩犯了错，到了需要体罚的程度，就体罚，一点儿都不复杂。比如我们家大女儿，记得从她小学一年级开始，我们就几乎不打她了。一来她比较懂事；二来她比较细心。通常，话只要说得稍稍重一点，她就开始掉眼泪。老实说，这种人你还打她干吗？可是，像我家的二女儿，粗心得很，坏习惯也比较多。你跟她讲道理，其实讲不胜讲。再说，有时讲也没用，"言者谆谆、听者藐藐"呀！这时候，你就需要强度大一些，让她知道警惕。这当然得根据实际情况进行斟酌取舍。老是讲道理，不对。老是打，也不对。至于薛朴，小时候很幼稚，毕竟是小男生嘛！他那么幼稚，你跟他讲道理，他也听不太懂，老是"哦哦哦"，你能怎么办？对于小孩的处罚，本来就有个别差异。在家庭内，许多事情不能所谓的一视同仁。我家里的情况，与其说是男女的差异，还不如说是不同小孩的个别差异。

## 3.怎样选择传统文化教材?

王　肖：使用了六十多年的台湾国学教材《中华文化基本教材》，在2013年进入大陆三十所中学试用，推行了一段时间后，似乎有些水土不服。有的人归结于老师的国学素养普遍不够；有的人则说，针对大陆学生的基础，必须要重新编写国学教材；还有的人说，台湾从1956年就开始推行国学进校园，我们还有很长的路要走。您觉得呢?

薛仁明：有一回，我去深圳中学，和他们的语文老师提起这套教材。我说，这套《中华文化基本教材》可以用，也可以不用。之所以可用，是因为读了总比没读好；之所以可不用，是因为这套教材确实不算理想。

所谓不理想，第一个问题，是因为他们的编写方式。他们采用"选编"的方式，打散了《四书》原有的篇章次序，改采分类编辑的形式，选择各种主题来讲述，再穿插大量的"章旨""解读""相关名言"等板块。看似有条有理，但却使原书变得支离破碎，既有点像格言录，又有点像道德教条。尤其《论语》，原来书中那种活泼泼的盎然生机，经此一编，几乎荡然无存。中学时代，我当然也读过这套《中华文化基本教材》，当时的结果是：对儒家非常反感。

这套教材的第二个问题，既然名为《中华文化基本教材》，就不应该只讲《四书》。毕竟，自魏晋南北朝以来，中华文化一直是儒、释、道三家齐扬。在魏晋以前，至少也是儒道并举。而且，证诸历史，儒道两家是合则两美、离则两伤。单单只读《四书》，很容易让读书人变得与宋儒一样唯儒独尊，性格反而偏狭，视野也容易窄隘。这当然不是一件好事。

至于中学语文老师国学素养不足的问题，我觉得，得慢慢来，不能操之过急。有回我列席深圳中学语文学科的教学研讨会，看一群老师为开设国学课程而人人发愁，我就劝他们要放轻松一些。中国的经典本来都是生命之书，即使以前不熟悉，现在才开始和学生同步学习，只要多做准备，凭着老师的生命阅历，再细细体会、好好玩味，还是可以从经典中获得启发的。一旦受了启发，再把自己的体会与感受传达给学生，这也就够了。教育的根柢，本来就是生命的启发。经典教育，更是如此。一开始，其实不必太在意对于经典是否非常熟悉、是否能全盘掌握。有时过度强调，反而容易落入"死于句下"的那种专家式的钻牛角尖。这么一来，与生命的启发，反倒离得更远。我读某些学问渊博的所谓专家之作，反而觉得特别没生命感、特别没意思。真要教，就先教自己有心得、有实际感受的部分，对学生才会有帮助。

再进一步说，现在大陆国学的最核心问题，其实不在于老师的国学素养普遍不足，而在于整个社会的传统文化底蕴已经集体流失。当整个底蕴都还在时，怎么做怎么对，怎么读也怎么好。当底蕴不到时，不管怎么做，都好像会这边缺一点、那边缺一块，即使读了，也未必有用。就像现在的某些"国学专家"，动不动就引经据典，动不动就旁征博引。乍听之下，似乎很有素养，但是，只要你看到他本人，就忍不住要疑惑：这真的是国学吗？换句话说，国学的核心，其实是人的整体底蕴。人对了，什么都对。孔子说，"人能弘道，非道弘人"。人的味道慢慢对了，许多东西就会跟着到位。如果问题在人，我们就得明白，这事急不得，得慢慢来。孔子又说，"必世而后仁"，有些根本的东西，一定得经过一个世代，才能水到渠成，也才会开花结果。我们必须要有这样的耐性。孔子不也说过，"欲速则不达"，如果太急切，那当然只会坏事。

王　肖：2005年，我还在北师大读书期间，为了写论文，我几乎把图书馆能找到的民国教材给翻遍了。当时有好多书店，也有多位名家，比如蔡元培、叶圣陶都在编教材。这两年，《开明国语读本》《共和国教科书·新国文》这些半白话文的教材一经重印又成畅销书。我记得有一篇课文，语言特别美："座上客，远方来，父陪客，食午饭，饭后出门，与客闲眺，前有青山，旁有流水。"您看，五四时候的教材多偏白话，语言素朴，描写耕读人家的生活，读来动人。不过，可能您从小到大，包括在孩子的教育过程中，很多已经化用到了日常生活当中，未必像我们这么惊喜。

薛仁明：看到这样的教材，我的确不会觉得特别惊艳，但是，感触依然很深。

感触深，是因当时的白话文，可以把文言结合得那么好，既简洁素朴，又丰富饱满；既有美感，又有韵律感。我一直认为，这种半文半白、柔和简易的文言、又兼具韵律感的白话文，才是我们现在最该有的书写方式。相较起来，后来的白话文，就显得单调无趣得多。过于直白的白话文，常常会让人感叹：白话文，"文"在哪里？另一个感触是，这篇文章所写的那种寻常生活的美感，"前有青山，旁有流水"，老实说，今天真让一般的小学生读来，恐怕也都有种太过疏远的感觉吧！

同样的道理，我之所以不特别惊艳，主要也是因为我一向认为语文课本应该要比这样更好。所谓更好，是语文课要以经典为主。像这样的文章，可以选做辅助教材，占一部分即可。至于现在那种大白话的语文课文，其实就可以免了。那种文章，小孩自己读读就行了，何必还浪费时间来教。教了半天，就像之前提到的重庆精典书店老总杨一所说，当年语文课认真上课的，现在几乎没人看书、没人接触传统文化。教了半天，也就像这些年的台湾语文程度，只会是逐年下降。老师越卖力教，学生程度却越来越差。不是老师不尽责，而是语文课根本就不该浪费时间教那些直白的白话文。

像"前有青山，旁有流水"这样的景象，现在让薛朴来读，他还是会有些真实感，毕竟，我们住的地方，大概就是这等模样。之前他们姐弟三个在家自学，每天大概就花两三个小时来学学校的功课。其他时间，他们必须做家务，包括扫地、拖地、洗碗筷、晾衣服，尤其要负责煮每天的早、午两顿饭。除此之外，我们那边有个小湖，每天他们去湖边走走、跑跑，绕个一圈，大概两三公里。名义上是上体育课，实际上是四处顺便看看，看看山，看看水，看看花鸟虫鱼。对他们而言，那更接近玩。他们每天走走跑跑，前阵子，到了几棵小桑树旁，总要摘两颗桑葚吃吃，今天告诉你好酸哦，明天说好甜哦。我觉得这样的状况，挺好的。

除了这些之外，他们每天学习很重要的一部分，就是经典的背诵。这些经典，就是我所说的理想的语文课本。每天早上他们三个人有不同的进度，比如一个背

《孟子》，一个背《庄子》，一个背《诗歌词曲选》。下午则是一块背《古文观止》。

王　肖：有时候很佩服薛老师，明明自己是台大这种主流的名牌学校毕业，但面对自己孩子的教育，却又采取这么一种有别于流俗的模式。不知道您有没有想过自己去给孩子编编教材？或者说，在现有的基础上，您遴选出来给孩子的是什么书？

薛仁明：我没想过要自编教材。毕竟，重点既然是经典教育，经典就已经在那里了。我们用的，就是王财贵先生编的那一套字体很大、完全没注释的读本。另一方面，我们现在虽然自学，但并没有完全脱离体制，仍然会配合学校的进度，用的也是学校的教科书。

凭良心讲，我觉得现代人已经编了太多的教材，也花了太多时间在那里挑选教材。其实，最好的教材就是一本本的经典，老老实实去读，也就行了。大家花了那么多时间来比较、挑选各种教材，可真的让你老老实实去做基本功，却又未必愿意。这真是本末倒置。尤其是语文教材，可以好好把经典读一读、背一背。我家三个小孩每天早上有一两个小时时间专背这些经典，到了下午，又有一两个小时背《古文观止》。一年下来，也背了四十几篇古文。台湾许多的大学生，现在都未必能背得了这么多篇。可是薛朴也不过才小学三年级。这不是薛朴的天资好，而是同样花这么多的时间，看你让小孩读的到底是些什么。我现在写的史记专栏，每一篇薛朴都看，也都看得津津有味。因为他有古文的底子，读我的文章轻松愉快。就教材而言，我们拿既有的经典来教，就已经绰绰有余了。其实古人哪有那么多教材？可是，古人的程度又哪里会比我们差？我们现在那么多教材，只会把学生越教越坏。就像台湾，不要说语文，连其他的科目，也都年年编、年年改。说白了，就是书商借此牟利，结果学生每一科的素质都在往下降。

王　肖：因为身处媒体，我们身边的实习生如车水马龙般，差不多每隔一年就会来一批港台实习生，我接触过的学生给我印象都特别好。两年前，我曾经带着一个来自香港的大三女生和来自台湾的大四男生去北京郊区怀柔的一个山庄，参加刘宏毅先生组织的国学夏令营。活动结束后，让他们各自写一篇体会。特别明显的是，台湾学生的文字写得很古雅，他不算特别优秀的学生，挺普通的，但是他能提炼出这个活动中我们捕捉不到的轻柔和可爱的部分，整个人也很温和、亲切。我穿插进这样一个细节，是想说，或许诚如您所言，台湾现在不如以前了，不如您当年那个氛围，可是重要的东西，还在那里。

薛仁明：台湾虽然不如以往，但某些东西，的确没有消失得那么快。前面引孔子说的"必世而后仁"，大根大本的东西，总得经过个二三十年，才能够开花结果。反过来说，一些既有的大根大本的东西，真要崩坏，其实也没那么快。我指出台湾的困境，更多是表达一种令人忧心的趋势。事实上，台湾的语文教材虽然一直在删减文言文的比例，但古雅的传统依然还在，教材中的白话文还是大量吸取了文言的元素，并不强调文章要写得极度直白。你去翻翻现在台湾《联合报》的副刊，还是可以读到一种不太一样的文字风格与生命状态。就像你所说的，那是一种比较古雅的文字风格和更为温润的生命质地。正因如此，台湾年轻人即使生活上、概念上慢慢西化了，但毕竟台湾的大环境还在那里。一个人出生下来，就开始受熏陶，久而久之，被潜移默化，自然容易呈现一种台湾人常见的温和亲切。如果和香港人对比，台湾人的这种特质，还是很容易感觉得到。毕竟，香港的历史与环境与台湾很不一样。

# 4.什么时候该学英语?

王　肖：**前些日子，看一个明星亲子类真人秀节目，北京几个演艺明星的孩子，六岁到八岁的样子，一口很流利的英语，加上两个来自台湾、香港明星的孩子，四五个孩子用英文交流，完全没问题。**

薛仁明：老实说，除了特殊的情况（比如长居在国外）之外，这么小的小孩，英文如此流利，到底是福是祸，还真难说呢!

我家的孩子也学英语，是妈妈教。就是按目前体制内学校的进度，并没花太多的时间。我不赞成孩子那么早学英语。台湾以前是初中才学英语。我赞成在孩子中文已经有了稳定的底子之后，初中再来学英语。初中来学，其实并不迟。后来两岸同样陷入"国际化"的迷思，都把学英语的年龄往下降。台湾尤其严重，最后不仅孩子的中文程度急速下滑，等他们升上大学，竟然发现，甚至连英语的整体水平也在缓缓下降。换句话说，提早学英语，并没有把他们的英语程度提高，反而毁掉了自己的中文。

**王　肖：不过另一方面，大陆政府有关部门最近通过一些中高
　　　　考分值的调整，也在试图强化中文的重要性。**

薛仁明：这消息我在台湾也注意到了。

这样的调整是对的。前阵子，我在台北书院还提过此
事。台湾以前初中升高中，要参加高中联考。当时联
考的分数比例，大约就是如此。那时候，国文200分，
英文则是100分。后来教育改革，配合着"去中国
化"，全部科目就一律改成了100分。这看似公平，其
实是本末不分。从此之后，台湾学生的中文水平就开
始下降。大陆所羡慕的台湾的中国文化优势，在年轻
一辈身上也逐渐消失。在这种改革思维之下，后来有
许多年，甚至连作文都不考了。相较起来，几十年前
的教育制度显然就比较合理。本国语文200分，外国
语文100分，有先有后，有本有末，很合理呀！那时
候，就是从初中才开始学英语的。即使如此，当时大
学生的英文程度依然比现在好。外语本来就不是越早
学就一定学得越好，这是两码事。时间拉那么长，其
实更多是一边学一边忘，效果并不好。语言的学习，
本来就需要一定的密集性。台湾的小学生，有的从小
学一年级就开始上英语课，每星期两堂，共八十分
钟。每周八十分钟，如果能学得好，那才真是怪事。
最后的结果，就是迫使所有的家长统统得送小孩去补

习。否则，还没升上初中，小孩几乎就得要放弃英语了。老实说，那么早学外语，反映的只是大人的急切。这种急切，其实就是大家都在讲的"浮躁"。小学一年级就开始学英语，正是最大的浮躁。当然，更大的浮躁就是那种双语幼儿园，甚至台湾还有全英语的幼儿园。那对小孩、对大人，几乎都是种虐待。我常讲，如果你打算将来让小孩对你，就像西方人对他父母那样的话，就把他送去全英语的幼儿园。

王　肖：这很有意思。我单位有好多的姐姐，他们一家都把孩子送到国外，而且，有的才准备念高中就送出去了。他们遇到很大的问题是，等孩子大学毕业之后，深受西方价值观的影响，孩子会对爸妈说，你们供我读书、供我出国，这是应该的，可是等我大学毕业之后，你是你，我是我，我不会像你对待爷爷奶奶那样对待你的。

薛仁明：凭良心讲，孩子这么说，还真是没错。毕竟，除非他在国外适应不良，无法融入当地，或者他已意识到文化冲突，没办法真正接受当地教育的主流价值。换句话说，除非小孩所接受的国外教育，只学了表面，没学到骨子，否则，一旦国外的教育接受得彻底、学习也很有成效，结果即使不是你所说的这个样子，恐怕也八九不离十吧！

王　肖：所以，这些父母里头，有一部分心态较宽的，就选择接受这个现实。好吧，我本来也不指望你养，就随你吧！可话虽如此，对于孩子这样的转变，他们还是怀疑，这个力量有那么强大吗？当初送你出去，我的预期可不是这样子的呀！

薛仁明：这个问题的确很大。我之前在北京讲《史记》，有位家长连续旁听了一整期十天的课。上课时，我多少提到类似的问题，等课程结束后，听说他改变了原来举家移民美国的打算。

事实上，这样的难题，不仅仅出在移民国外上，也不仅仅发生在孩子还小就送往国外教育这种事情上。这两种人，总数虽大，但就整个中国而言，依然只是很小的比例。他们或许是重灾区，但是这个问题，其实已涵盖了两岸所有的年轻一辈。尤其是，他们因政府的政策或是家长的期望，过早就学习外语。我常说，语言本身，从来就不只是工具，也不只是与人沟通的一种纯然的媒介。语言或文字，必然是文明的记忆，必然蕴含着很多文化的基因。既然语言文字本身是文明记忆的载体，自然就有种强大的力量。说得更直白些，外语除了是外语，更潜藏着大量外来文化的价值观。外语是另一个文化系统强大的载体，也是最重要的载体。学习任何外语，都一定会接收到它自身的文化讯息。只要耳朵听、嘴巴说，语言后头的文化讯息，就会源源进入。麻烦的是，孩子年纪那么小，他们哪能分辨其中的文化差异与文化冲突呢？当遇到文化冲突时，他们有何种能力来拣择呢？既然没能力自觉，更没能力拣择，当然读着读着，说着说着，就一定会被改变。

当然，如果这语言背后的价值观和我们既有的价值观重叠度高、一致性也强，那么从小学外语就没什么问题。可是，万一重叠度不高，彼此的差异与冲突又明显，偏偏对面还是一种强势语言（比如你英语说得好，许多人都会"自然"流露出羡慕佩服的表情），这时，你急急忙忙让小孩去学外语，他们的价值观还没稳固，文化底气还远远不足，将来即使不会价值错乱，至少也会心生困惑、没来由的彷徨空虚。很简单，这就是两个系统在打架嘛！这也是为什么那种念ABC*的小孩常常活得特别辛苦，老实说，那多半是被他父母给糟蹋的。甚至，有时候我忍不住想说：天下父母之残忍，莫过于此！

---

* ABC：香蕉人又叫ABC，为American Born Chinese 的缩写，泛指海外华人移民的第二代、第三代之女。

# 5.传统文化的困境在哪里?

王　肖：很多年前，大陆有一道语文考题，后来常常被人当笑
话来讲，题目是：雪融化了，是什么？有个学生的答
案是：雪融化了，是春天。结果，老师判他错。因为
标准答案是"水"，这下子，语文考题完全变成了物
理化学考题。这么多年来，人们每次提到这道考题，
都会指责中国教育扼杀了孩子的创新思维，有的人还
觉得，这是国学的古旧形式和价值观阻碍了孩子思维
的开阔。可是我怎么觉得，其实真正钳制思维开阔
的，恰恰是标准化的机制。

薛仁明：你说的的确比较接近事实。

首先，我非常不喜欢"中国教育扼杀了孩子的创新思
维"这种说法。如果你改成说"中国教育扼杀了孩子
的感受能力"或者"中国教育扼杀了孩子的活泼开
朗"，我都可以接受，也很赞成。可是这些年动辄将
"创新思维"无限上纲的态度，我非常反感。我的反感
是因为在这些人的眼里，"创新"一词已成了新宗教。

好像没有创新，人就活不下去；没有创新，教育也就毫无价值似的。这些人强调"创新"，是基于资本主义的商品逻辑，但是夸大"创新"的结果，就会使人的生命迅速异化，从此精神躁动难安。这些年来，求新求变已经成为台湾社会最大的"迷幻药"，许多学校的教育目标，头一桩就是大大的"创新"二字。吃了这种迷幻药，大家就开始忙迫焦虑、进退失据，一个个既像无头苍蝇似的，又像滚圈里的白老鼠一样。要停，停不了；要止，止不住。这种"创新"，其实是这个时代最彻底的"集体癫痫"。

先不谈"创新"。我想，之所以有"雪融化了是水"这样的标准答案，显然是二十世纪西方"数理化"在中国大行其道之后的结果。问题的关键在于，大家夸大甚至是迷信"数理化"的重要性。借用我的好友、诗人杨键的说法，那是因为数十年来，中国人的脸忽然变成了"数理化的表情"。这个问题如果真要赖给"国学的古旧形式和价值观"，我虽不赞成，却必须承认里头是有一点点道理的。毕竟，宋代以后的中国文化的确有相当程度的僵化与停滞，否则面对近代西方的挑战，就不至于那么无能与颠顿；面对西方的坚船利炮，也不至于那么手足无措；甚至后来，中国的读书人读了西方的"数理化"，也不会先是过亢，继而过卑，最后则匍匐其下，趴在所谓科学的神龛下，连大气都不敢喘一声，连质疑都不敢质疑一下。正因如此，才会连语文学科都会出现"雪融化了"必须是"水"这种笑话。

出现这种笑话的原因，有中国历史自身的缘故，也有面对外来文化的慌张与错乱。换句话说，这是因为宋代以后读书人的思想僵化与过度规矩接上了西方凡事标准化与规格化的弊端，两者一拍即合，才会落到今天这步田地。

可是，真正的中国文化是不是本来就那么僵化、那么规格化呢？当然不是。实际上，真正的中国文化恰恰是最不规格化的。中国文化本来充满了弹性、充满了对应性，因为这样的弹性，甚至还招致胡适先生批评中国人是"差不多先生"。这样充满弹性与对应性，当然也有利有弊，但确实是我们中华民族很重要的特性。你看孔子面对弟子提问，哪一回的答案是一样的？不同的人，给不同的答案。即使同一个人，在不同的时机下，答案仍会有所差别。孔子还提出："可与言而不与之言，失人；不可与言而与之言，失言。"说话要选择时机、选择对象，如果时机、对象不合适，那还不如不说呢！这样的中国文化，又怎么可能规格化呢？

王　肖：刚刚您说"可与言而不与之言，失人；不可与言而与之言，失言"，以中国人的人际交往为例，有许多微妙的细微情态。比如在当时的情景中，你能不能审时度势，对他人的理解和认知有没有到位，这些都是关键点。举个简单的例子，有时候你很开心，便把这份开心表达出来，有可能会促进两个人的关系，但也有可能会败坏两个人的关系，这就使得中国人的情感不轻易外露，凡事讲究含蓄。中国人这样的拿捏，扩展到家庭关系、工作关系、团队关系上，其实也都是如此。

薛仁明：这就是中国文化所强调的对应性。凡事该什么时候说，该和什么人说，都讲究一个"机"字。"机"对，一切都对；"机"不对，再对的事都会变成不对。对于中国人而言，任何事物都有恰恰一"机"，都有独特性，也都有或显或微的差异。留心独特性、关注差异性，正是中国文化的根本特质，也是中医的基本原则。中医讲究应病与药，能对应病人独特的细微差异，才是中医最厉害的看家本领。很多人批评中医无法标准化、客观化，可这恰恰是中医最大的优点。既然每个人都很独特，要怎么标准化呢？既然强调对应性，又怎么客观一致呢？在中医看来，同样是感冒，病症与病因却有着千差万别，你怎么能用同一种"标准"的感冒药呢？同样，儒、释、道三家所讲的学问，重点也不在于标准而客观的知识，而在于如何精准地对应千变万化的生命状况。儒家讲究"知人论世"，佛家强调"正知见"，道家则说"知机应机"，关键是人对事物细微差异的对应能力。有了这能力，才能一眼看出事物的特殊性在哪里。这种照察，一直是我们民族的根柢能力，所以我们从根本上就拒绝把所有的东西标准化、规格化。因此，不论宋、明时期经济怎么发达，中国都不可能去发展既标准又合规格的自动化。虽然中国曾经长时间技术领先，但工业革命却终究没在中国产生。老实说，这不是中国文化的缺点，而是中国文化的优点。中国人似乎早就意识到，标准化与规格化在短时间内似乎会给人带来甜头，但时日一久，终会毁掉人性，紧接着会毁灭这个世界。

王　肖：**重视个体差异，才能充分尊重每个个体。但为什么到了教育层面，中国的教育又被诟病说看不到个体，只看到集体，反而是现在的西方教育看起来特别关注个体的发展。**

薛仁明：我先谈西方。西方"看起来"是个人主义社会，一定会特别关注个体的发展，可事实上，现代社会种种彻底抹杀个体自由的标准化与规格化倾向，恰恰又源自西方社会。这似乎是个悖论，但从历史的发展来看，西方社会的集体主义与个人主义、同质单一与追求特色，一直都有着相生相成的关系。正如我在《黄仁宇与宅男》一文中所说："现代人强调自我，但渐渐地，却没有了自己"，"有史以来，从没一个时代，像现代这么爱标榜'个性''独特'与'自我'。但标榜了半天，也从没一个时代，如现代这般单一、同质而无趣"。近代西方历史的主流，其实是同构型、被规格化所隐藏的集体主义，他们所产生的反动逆流，才是中国知识分子艳羡的"独特"与"自我"。不管这反动逆流"看起来"多么壮观、多么动人，终究是因主流而起的。我们不能光看到表象，却忽略其中的先后因果。

至于中国，现在教育之所以强调整体、"看不到人"，可能有两层原因。第一层，中国现在的教育，从小学到大学，都采用西方的架构，也都深受工业革命之后西方标准化的影响，所以才会使得学生看似没什么个性，显得千人一面。如果采用中国传统教育的话，当然不致如此，因为中国的学问强调对应性，和标准化并不相合。第二层，中国向来没有西方式的集体主义，因此反逆式的个人主义也就一直无法在中国生根发芽，也就一直无法在中国的教育中扮演主流地位角色。

不标榜个人主义的中国教育，除了受西方标准化的某些影响外，也一直有着旧时儒家的基底。曾经有段时间，中国的教育反对儒家，可是儒家的基底其实一直都在。儒家重视人伦，很在意与身边人的关系。有一次，我在台北与朋友吃饭，胡茵梦也在席上，她就留意到，隔壁两桌大陆的朋友一直忙着弄手机，忙着手机社交。她说，台湾也有这种情形，但大陆更明显。整天忙着弄手机，当然不是好事，毕竟人被困住了。大家之所以都在忙着社交，是因为大家都很在意与别人的关系。中国的社会向来讲求关系，即使经过几代人的"改造"，中国社会依然是俗话所说的：只要有"关系"，就凡事"没关系"。这样的关系挂帅，无论好坏，反正就是中国特色。往好的地方讲，这意味着中国人的生命联系力很强。中国人不容易出现西方式的疏离与孤绝感，尤其是当人老了之后，东西方的这种差异就更加明显。

当大家都这么在意人际关系时，你特别强调个体差异，把自己弄得非常特立独行，就会有一些困难。毕竟，良好的人际关系得建立在与别人的联结之上，当然，你可以选择和别人一样，也可以选择和别人不一样，但真要与别人联结，就不适合过度标榜"独特"与"自我"。

如果仔细分辨，西方的集体主义与中国传统的儒家基底看着相似，实则却大有不同。换句话说，西方的标准化与儒家的基底虽然在某些人身上被搅成了一团，但其实并不适合混为一谈。如果用孔子的话来说，儒家的基底更多是"和而不同"与"群而不党"。中国人凡事不求相同，却在意能否彼此兼容、能否相互和谐；中国人喜欢群性，却反对过度的一致性。清末民初，中国人之所以被讥为"一盘散沙"，是因为中国人抗拒所有不必要的一致性，也不喜欢那种刻意的"团结"。在过去的历史中，中国人向来是既强调群体，又维持着很大程度的个体自由。中国古人没有西方集体主义与个人主义的二元对立，所以一方面凝聚力极强，另一方面又自由度极高。中国很早就完成了大一统，但民间却一直维持着极丰富的多样性。例如，自古以来，朝廷制定礼乐，一直有着极其严格、极其统一的形式，但直至"文革"以前，中国各地生机盎然、卓具特色的地方剧种一直都很兴盛，剧种数量多达四百种以上。今天谈个体差异，必须要留心中国特色。

# 6.教育孩子，真的应该快乐至上吗？

王　肖：现在大陆有很多父母，包括我身边的年轻父母，都秉
持着看起来和您"类似"的教育观。比如，我就希望
我的小孩能快快乐乐的，为什么要让我的孩子上那么
多补习班，为什么要让我的小孩受体制的束缚，何时
还给孩子一个快乐的童年等。但是这样的"快乐"，
其实挺脆弱的，等过了幼儿园，就"全线坍塌"了。

薛仁明：台湾持有这种想法的家长，数量也不算少，尤其是受
过高等教育的家长。他们的"全线坍塌"，有的拖得
比较晚，大概到孩子上小学三、四年级的时候吧。

的确，我的某些想法，看起来和他们很"像"，也多
有重叠。比如，我不喜欢让孩子上补习班，也不赞
成"虎妈"式近于酷烈的严格。我有个朋友，从孩子
小学一年级起，但凡考试没得满分，他老婆几乎每回
都痛打痛骂，我听了也只能摇头。我不习惯对自己做
太多的规划，也不喜欢对生活的种种带有过多的目的
性。我对于孩子的教育态度也是如此。

话虽如此，我对于时下强调让小孩快乐的说法，却持保留意见。真正有生命经验的人都清楚，"快乐"二字其实不能老挂在嘴边。你老想让自己快乐，结果多半快乐不起来；你老希望给孩子快乐的童年，小孩的童年通常也不会太快乐。"快乐"这事，应是正如《金刚经》中所说："应无所住而生其心。"当你不执着、不在意，甚至压根儿就不当回事时，你才可能真正获得快乐。否则，所有的快乐都会"如梦幻泡影，如露亦如电"。越是追求就离得越远。俗话说"心想事成"，而事实上，你的心越去想，通常事情就越不成；反而不去想它，事情才越有可能成功。

台湾从二十几年前就高喊教育改革，口号就四个字：快乐学习；可后来的结果却是：学生既不快乐又不学习。这样的结果，要么说倡导教育改革的人士立意良善，只可惜执行不当，要么归罪于老师和家长的不配合。但在我看来，这是因为他们迷信概念，不相信真实的生命经验。他们以为，"快乐学习"在逻辑上说得通，在实际操作中也就能做得到，但真实的生命体验又岂是如此？小孩没吃过一点苦，就很难有生命的踏实感；心中不踏实，就很难真实的快乐。在学习过程中吃点苦，只要不过度，不仅应该，而且很有必要。当然，那种极端的应试教育，不能叫作吃苦，而是虐待；虐待得久了，只会造成人格的扭曲。

再说，学任何东西，总得练基本功。既然是练基本功，又哪能没有一些勉强、不吃一点苦？小孩不练基本功，将来想要从中受益、弄出名堂，恐怕极不容易。所以，在练基本功的过程中吃点苦，理所应当，家长就别再用"快乐"这种字眼来瞎搅和了。我们必须要让小孩心平气和地接受生命所有的状态，吃一些苦，会让他们变得心平气和。我们也不该妄想让小孩子没有烦恼，任何人都有烦恼，小孩子当然也会有他的烦恼。父母不能越俎代庖，不能帮他代劳，不能帮他解决。解铃还须系铃人，他的烦恼还得靠他自己解决。我们要培养的是，让他有能力、有勇气去面对烦恼，而不是让他没烦恼。今天刻意让小孩快乐的家长，都做得太多，也都过度迎合小孩。本应该让小孩清楚地知道，凡事自作因、自受果，做任何事总会自作自受，没有人应该迎合他、迁就他。父母教育小孩，许多事该放手就放手让他做，有的时候我们可以拉一把、提个醒，但更多时候，就让他跌跌撞撞去成长吧！为人父母，能懂得"天地不仁"，这不仅是智慧，也是气魄。

**王　肖：不要太过干涉子女，其实是一个比较含糊的说法。干涉少了，又会被认为没有尽到为人父母的责任。**

薛仁明：小孩不能不管，但不能太管。尤其是中国的父母，一不小心就会把小孩的事大包大揽下来。说得好听一点，是用心呵护、无微不至，但稍不小心就会教出一个个台湾常见的"妈宝"。

许多父母的干预太甚，其实都已经超出了自己的管理范围。小孩该做的、能做的，你都帮他做，他长大后当然会表现得无能。比如，上了小学，小孩至少要学会扫地、拖地、洗碗。我有个学生，独自去澳大利亚闯荡了三四年，前阵子返回台湾，特别提起他在澳洲所见到的台湾年轻人普遍缺乏生活能力，女生连会下厨做饭的都没有几个。我笑着对他说，至少就这点而言，我家的三个小孩实在比那些人强多了。有朋友来我家做客，最感到惊讶的，就是那一整桌丰盛的菜肴，几乎都是我们家的三个小孩做的。

关于小孩的未来，父母可以有个大方向，也可以有些期待，但要懂得自我节制。小孩要学会面对他自己的问题，该哭，就让他哭；哭得过分了，该教训也要教训；教训完之后，该如何处理，那是他自己的事。

**王　肖：之前我老琢磨着，您又写书，又讲学，又要养育三个孩子，怎么忙得过来？听了您这样的话，感觉孩子倒是挺好养的。**

薛仁明：中国古代最高的政治一定是"无为而治"，治国与齐家是同样的道理：凡是不该管的，就千万别管。

**王　肖：但这其实是一个特别复杂的问题。老子倡导的"无为而治"，对于一般人、一般家庭而言，那实在近乎一个传说。**

薛仁明：所谓无为，许多人认为是毫不作为，完完全全放任、彻彻底底不管，这当然是个误解。如果放任不管的话，不天下大乱才怪。所谓无为，其实就是但凡不该做的，就千万别做；可应该做的、非做不可的，一定得做，那才叫无为。因此，老子倡导的"无为"，完整地说，是"无为而无不为"。只要不做不该做的，其余的怎么做都对，怎么做都好。因此，无为之人，不多说话，不经常出手。但只要开了口、出了手，就会有能量。

问题的关键是，我们一般人，都做了太多不该做的事，也说了太多不必说的话。老子倡导的"无为"，就是要提醒我们，别盲动、别瞎说，不要因为偏执把自己搞得晕头转向、失去了准头，最后变成怎么说都不对、怎么做都不好，每天都在后悔、每天都在事与愿违。无为是因有自知之明，懂得自我节制，于是就不轻易出手。许多父母的点子多，念头杂，今天看书上说，明天听别人讲，后天又在网上有新发现，既"积极"又"认真"，想法可多了。结果想法一多，对孩子而言，几乎就是灾难。台湾这二十年的教育改革，教育部门就是整天出花招、想点子，单单开会就永远开不完，最后才会落到今天崩盘的局面。

无为是因有自知之明，只做该做的、只管该管的，所以就省事。当今的父母常常要不就管得太多，要不就放任不管，对孩子而言都不是好事。我有一些同侪，之所以都比较尊敬我，多半是因为看到了我养育的三个小孩。养个小孩，只要带到别人家里去，就会产生大麻烦。小孩吵呀、闹呀、跳沙发呀，常常一群大人忙得团团转，还只能故做轻松状，其实非常尴尬且束手无策，所以许多父母索性就不带孩子去人家家里了。我小儿子薛朴还没出生时，我们夫妻俩带着两个女儿，一家四口去朋友家做客，聊了一会儿天，又吃了一顿午饭。我的这个朋友，夫妇结婚多年，因太太身体不好生不了小孩，早先曾考虑人工受孕，但因太过折腾，就打消了念头。那天我们告辞之后，又隔许久我才听这个朋友转述，他太太对他说，再努力一下吧，我想生个孩子。以前每次看到小孩，他们多半觉得，没生孩子也挺好；而那天我们四个大人在餐桌用餐，我两个女儿在旁边一张小桌子吃饭，关键不是两个孩子有规矩，真正让他们夫妇动心的，其实是姐妹俩吃得那么开心。一般有规矩的小孩，常让人觉得拘谨，他们夫妇看到小孩既有规矩又开心，就不禁心动了。

说到底，所谓无为，就是把大方向抓清楚了，一切就不费事。比如，小孩一旦有了规矩又过得开心，我们当父母的，又哪里需要操太多的心！

**王　肖：不可否认，规则和方法也很重要，大家特别想从您这里得到一些分享。**

薛仁明：小孩要有规矩，但不能把孩子教傻了；小孩要有礼貌，但也不能把孩子弄得虚情假意。规则重要，方法也重要，但最重要的是父母的心态。老子讲"无为而无不为"，又讲"取天下常以无事"。"取天下"这么大一桩事，需要的恰恰是个"无事"之人。什么是"无事"之人？比如，刘邦就是个"无事"之人，今天打了场败仗，输得一败涂地、狼狈不堪，可才一转过头来，好像没发生这回事似的，这就是"无事"之人。后来楚汉战争中，项羽被刘邦打败后，在乌江自刎。若换成刘邦，当然不会自刎。刘邦败得再惨，不过就是一败。项羽无颜见江东父老，若换成刘邦，则压根就不存在面子的问题。今天如果不存在面子的问题，也没有因为在意而被困住的情况，这时你就是一个"无事"之人。比如，许多父母喜欢拿自己的小孩和别人的小孩比较，什么成绩啦，优秀啦，名校啦，将来的薪水高低啦……自己的种种面子，只会把孩子给重重困住。当你在意这么多时，这些东西就都是你的刻意造作。所谓无为，就是把这些刻意造作，一桩桩化解掉。当你化解得掉，就能真正无为，小孩才可能真正快乐。

王　肖：许多中国父母总觉得，美国的小孩每天下午三点放学，回家之后就会很开心，一副乐享童年的样子。然而有家长认为，这样小孩没有压力，不见得就一定会快乐，他认为有两个因素可以决定孩子的快乐，一是成就感，二是集体感。当小孩完全没有压力时，通常就感受不到太大的成就感。至于集体感，不是说一定要过集体的班级生活，而是说你的生活状态要处在一个丰富的人群关系中，虽然你可能是独生子女，但在学校上学，早上盥洗时遇到了某某某，晚上洗衣服时又和某某某东聊西扯，你的成长经历会有很多人见证，你会有很多的情谊在。从这一点来讲，像美国这样特别强调个人主义的国家，就是挺难办到的一件事情。所以，他希望自己的孩子有这样一个机会，学会与人相处，特别是怎么样和室友处理好关系。他觉得，同一个寝室住着，我不喜欢你，难道我就不和你相处吗？抬头不见低头见的，那得想想办法……

薛仁明：这位家长说得好。他所说的集体感，如果改成群体感，可能更恰当。群体感一方面是有个心理归属，另一方面则有着人与人之间的各种联系。对中国人而言，一个人的快乐，相当程度上取决于人际关系的健康与否。人际关系的健康，不见得是长袖善舞、八面玲珑，说白了，就是你能和别人相处得好。相处得好，包括合得来的，也包括合不来的。合得来的，当然相对好办，但如何细水长流、如何善始善终，还是需要一点本领，这是需要学习的。至于合不来的，怎么样先相安无事，再彼此相容，最后还能相待以礼，更是一门绝大的学问。中国传统教育特别在意群体性，这是让小孩培养好性情的关键。有了好性情，小孩将来才能够活得开开心心、清清朗朗。

换句话说，小孩要活得开心，除了天性，还得通过学习获得。不学习，即使快乐也不容易长久。但真要学习，比如刚刚所说的人际关系，一开始可能会碰一鼻子灰，也可能会撞得鼻青脸肿，那必然会有挫折，也常常会有不愉快。但是，恰恰因为这学习过程中的挫折与不愉快，才能让你逐渐体会得深刻；体会既深刻，根柢的改变才有可能；将来等到孩子的习气与毛病都有办法改变得了，他才有能力过得开心与清朗。真要孩子快乐，就千万别把"快乐"二字挂在嘴边，甚至连这个念头都不必有。小孩吃点苦、下些功夫好好学习，就差不多了！别像台湾的教育部门一样，整天嚷着"快乐学习"，最后结果却是学生既不快乐又不学习。自从高喊"快乐学习"之后，台湾学生得忧郁症的几率竟然开始逐年增长！

**王　肖：**"快乐学习"跟忧郁症有什么关系？

**薛仁明：**你越强调让他快乐，意思是，你越不给他压力，也越自由放任。可学生那么小，只要你顺着他，他多半就会往低级趣味的东西、往无聊的事情、往八卦方向去发展。从十几年前开始，学生翻阅报纸，几乎就只看体育新闻与影视剧消息，尤其是台湾的影视剧消息，清一色都是八卦。凡事物以类聚，年轻一辈只要关心这些影视剧八卦久了，自己的生命，就会慢慢变得虚无与苍白，一旦变得虚无与苍白，忧郁症就在所难免了。

学生过度自由放纵之后，还有一个常见的发展倾向，就是因为人际间芝麻绿豆般的是非都会去钻牛角尖；牛角尖钻得久了，就开始相互倾轧；才十来岁的孩子，就有办法斗得你死我活。这种倾向，对孩子的杀伤力往往最大。十来岁的初中小女生，一旦斗起来，也丝毫不比《甄嬛传》里的某个狠角手软。之前，台北有位妈妈，买下了报纸的头版广告，只为警告她小孩的同班同学，从此不可再欺负她的小孩。

王　肖：那么夸张?! 我只见过富豪买下头版广告来征婚的，看来孩子的妈妈问题也很大。

薛仁明：她的小孩念初中，与同学发生了冲突，就开始在Facebook（脸书）上互骂，骂来骂去，用的字眼也越来越不堪，最后演变成一群同学围攻她的小孩。这位妈妈觉得咽不下这口气，她的小孩受了这么大的委屈，非得要"严正"地反击不可。结果，她竟然买下了报纸广告。

中国有一句老话说，"小人闲居为不善"。这话虽不中听，却是事实。即使我们成年人，一旦闲下来，不知不觉就会有很多无聊事接踵而至！我们大人都那么脆弱，都那么容易异化，更别说小孩了。因此，别让小孩有太长的时间闲着没事做！只要闲得发慌、闲得过久，他们自然就会胡思乱想，自然就会往人性比较低级的方向堕落。人性本善，这话是不错，但这"善"是需要被引导、被开发的。台湾自从高喊"快乐学习"之后，自由放纵之风大盛，便开始有许多小孩往低级无聊的方向倾斜，时间一久，他能快乐才怪。一旦年轻人无聊久了、空虚惯了，最后就难免会有毒品与性泛滥的问题，接着自然会有黑帮的问题。

王　肖：是啊，之前提到的那位认为美国小孩没有压力，也不见得就一定会快乐的家长，他就觉得，在集体中生活，相对能抗抑郁。因为你在和别人的相处过程中，会及时地调节自己。其实，年轻的时候不努力，你真让他"快乐学习"，也快乐不了多久。

薛仁明：正因如此，南怀瑾先生才会早在数十年前，就说二十一世纪最大的疾病，必定是抑郁症。这样的抑郁症，大多是被我们这时代给造成的。当然个别人天生带有这种倾向，但更多的人的确是"被抑郁"的，包括现在台湾的教育政策，造成了大批年轻人的抑郁。我常觉得，这岂止是人谋不臧，简直就是造孽。偏偏这造孽的又是一群格外有理想、有抱负的精英分子，有一些还是特别疼爱自己小孩的父母呢！看到这种"爱之适足以害之"的悲剧，真是让人无限感慨！

另外，我再补充一点，在中国传统文化里，其实没有所谓的集体主义，也没有所谓的个人主义，这些都是西方的概念。中国人重视人与人之间的关系，却绝对不是所谓的集体主义。中国人的群己关系，不是集体主义与个人主义那样二元对立的关系，而是像太极里头的一阴一阳，彼此互补、彼此一体。中国人的"自己"，恰恰多半是在人群中完成的。你看中国传统文化中那么强调人与人之间的关系，可是古人却又是那样的个性鲜明，恰好印证此道理。

王　肖：在中国古代，有那么多的政治家，同时又是艺术个性鲜明的书法家、诗人。

薛仁明：是呀！你看古人他们，其实挺丰富多元的，反而今天我们特别强调独特性，结果却变成了千人一面。你提到古代政治家的个性鲜明，我感慨尤深！现在台湾的政治人物，一个个真是无趣呀！近代中国的堕落，首先就是人变得无趣。古人哪里是这种无趣的模样，尤其我读《史记》时，那里面人物的色色分明、鲜亮无比，真是令人叹为观止。

# 7.孩子应该送到什么样的地方接受教育？

王　肖：微信朋友圈里，曾有一篇中国妈妈写的文章引起了广泛讨论。这对夫妇，丈夫是美国人，妻子是中国人，北大毕业。当所有人都忙着把孩子送往国外上学时，他们却把孩子送回了中国。孩子的爸爸列了三个原因。第一，美国文化中的反智主义太严重，尤其在中小学，大家最想当的就是酷小孩，就是那种不爱学习的小孩；如果你爱学习，就会给人一种书呆子的印象，喜欢学习的小孩反而容易被孤立。第二，孩子从小有大量的机会接触毒品和性，有时候并不是你独善其身就可以，身边的干扰和诱惑非常大。第三，在塑造孩子性格上，美国文化宣传女孩从小就要性感，要学会化妆、穿超短裙等，进行成人化的打扮；如果女孩子不化妆、不性感，在群体中就很容易被边缘化。孩子的爸爸不希望自己的女儿朝这三个方向发展，所以把孩子送回中国上学。当时，很多人看后，觉得挺值得认真思考的。

薛仁明：是啊！别说美国，台湾这些年也有类似的问题出现，并且逐年恶化。相比较起来，台湾大概还没有你所说的第一个问题，毕竟中国人的文化基因还在，大部分人还是重视学习的，而后面的两个问题，则已日益严重。现在台湾的校园里，单是毒品问题，让教育部门几乎束手无策。我以前教书时，面对学校没完没了的"反毒"倡导，常常感慨，这种倡导方法、这种教育方式，只会越"反"越"毒"。另外，这些年因价值虚无化倾向，再加上整个社会的综艺化，使得在校的女生迅速往卖弄性感这个方向发展。自1949年以来，台湾受美国文化的影响一直很深，尤其是近二十年"去中国化"之后，加上资本主义的不断深化，问题就日益明显了。这十几年来，情况恶化得非常明显，许多学校，不论中学或小学，连最起码的上课秩序都出了问题，连好好上课都有点困难。当然，不是每个班级都这样，也不是每个老师的课都如此，但是，的确有很多的课堂已经严重失序。

王　肖：原来台湾也这样！我妈妈教了几十年的书，快退休时，她就说现在有些年轻教师上课时班里的纪律特别差，她难以理解这一点，看来这是普遍现象。

薛仁明：对。到了初中之后，这问题就更加严重了。以前我在学校接手一个班，原先他们已学了一整年，我去教课时，却发现他们所有该知道的竟然啥都不知道。我提起某件事，问说去年这总该听过吧，结果，他们除了摇头之外，就是一脸茫然。我又追问，去年上课到底都在干吗？他们不好意思地说道，每堂课都闹哄哄的。闹到什么程度呢？老师在上面上课，学生竟然就躺在走道上，有人干脆把几张桌子拼起来侧卧在上面，自道是"埃及艳后"。老师在上头讲课，学生就在下面演起"埃及艳后"。这样的情况虽然极端，却绝对不是特例。目前体制内的初中，除了一些明星学校外，即类似于大陆常说的优质名校，这些问题都很普遍。台湾的私塾也好，自学也罢，之所以能蔚然成风，也是因为体制内学校的问题太惨不忍睹的缘故。台湾还有一点比大陆更严重的是，当台湾的教育极度美国化，公立学校的问题也日益严重之后，私立学校就开始大行其道了。尤其近些年来，教育部门又罔顾民间的反对声浪，贸然实施了一个叫作"十二年国教"的新政策。这政策最根本的目的，就是要消灭重点中学。他们的说辞是，如此一来每个学生受教育的机会才会真正平等。教育部门认为，"十二年国教"实施后，不再只是那些重点中学好，而是每一所学校都一样的好。而实施"十二年国教"最后的结果，一定是有能力、有办法的家长开始把小孩送往私立学校，只有中下阶层的孩子才去读教育部门口中"每一所学校都一样好"的公立高中，这几乎就是复制美国的情况。大家知道，美国的有钱人是不读公立中学的，只有建立私立学校的优越性，才可以确保他们的阶级稳定性。在"十二年国教"之前，许多台北家长的理想模式是：送孩子就读私立小学，再读私立初中或是公立明星初中，然后考上台北建国中学、北一女中这样的重点高中，最后，再到台湾大学去。现在的情形变成了上私立小学、私立初中、私立高中，然后再去台大的模式。

王　肖：**这些年来，台湾应该先于大陆，更多感受到东西方文化的撕扯和角力。**

薛仁明：这是当然。这也是为什么每次提到台湾的中国文化优势时，我总会强烈地保留。因为台湾固然有些既往的优势，但也有不断增添的困境，尤其近二十年来，台湾的优势正在迅速流失，困境则是明显恶化。相较于台湾，大陆似乎已从极端全盘西化论中慢慢往回拉，可是，台湾的美国化却还在越陷越深，至今仍不知到什么地步为止。也正因如此，上回我应台湾汉学教育协会理事长王财贵先生之邀，到他主持的"读经教育高端培训班"开办讲座，说了一句话，王财贵先生就一直点头称是。当时我说，台湾现在的教育，简单说来，就是温水煮青蛙，只会慢性地死亡。关于这一点，王财贵先生太清楚了。他以前在小学教过书，后来在师范学院教书，真正的教育情况，他比谁都清楚。

王　肖：**这些来年，大陆的确削弱了重点中学的比重，但它的存在似乎还是有着非常深的根基。我工作过的重点中学，曾经有过两个重点班，在六百多个学生中，按成**

绩选取前一百名，编成两个班再进行重点培养，可结果并无预期中的惊喜，老师换了一茬又一茬，效果都不明显。后来大家才明白，在一个家庭背景不同、学习成绩相对有落差的环境里成长，对孩子是有益处的。之前听您说，台湾取消重点中学之后，公立学校的素养明显就下来了，同样，大陆的教育部也很纠结，到底是要办呢，还是不要办呢？当然，每个城市都有那么几所非常好的中学，好像也只有华人会比较纠结这个问题，是这样吗？

薛仁明：不只是华人，其实整个广义的中华文化圈，都存在这种现象。在中华文化圈里，除了重点中学之外，公立、私立学校的对比，更是个鲜明的特色。大家知道，美国最好的大学几乎都是私立学校，可是为什么在中华文化圈里，最好的大学却永远是公立学校呢？在韩国、日本，最重要的大学都是以首都命名的国立大学，如首尔大学、东京大学；在中国，就是北大、清华。中华文化圈里的这些地区，的确和美国不一样，美国是那种典型的资本主义社会，所有的富豪家庭，从幼儿园开始就读特别为他们打造的私立学校，先是私立小学、初中、高中，最后再读私立大学。这其中你说有多少的精英教育？当然会有，可更多的是人脉。说白了，就是一群寡头的相互联结。透过这样的联结，他们就可以维护集团的利益，继续垄断，基本上就是这样的一个体制。可是，在中华文化的社会里，我们整个文明的基底不是资本主义，甚至我们连住在所谓富人区、贫民区的差别，都不像西方世界那么泾渭分明。

一般而言，教育有两大功能。一是整体素质的改变。我们暂时不讲提升，因为整体素质会不会提升是另一个问题。二是通过教育，形成社会流动。这一点，自宋代科举兴盛之后，就一直是中国文化很大的一个特色，直至如今，依然没有根本的改变。

**王　肖：** 可以通过考大学改变自身命运，甚至一个家庭的命运。

**薛仁明：** 对。社会流动的力量越大，社会的稳定性就越高。毕竟，只要肯努力，就会有希望嘛！这些年来，台湾人之所以怀念蒋经国，是因为在蒋经国时代，有着相对理想的社会流动。他所造就的社会流动，最好的例子其实就是陈水扁。陈水扁的好坏，我们姑且不论，但一个属于三级贫户家境，即贫户中最贫级的乡下人，凭着努力，就这么向上爬呀爬，爬到顶峰，变成了"领导人"。你看，这样的可能性，会鼓舞多少有志青年！除了陈水扁之外，后来还有许多位居要津的高官，一问，原来也都是寒微出身！

这里头的关键之一是教育。教育是蒋经国治理台湾的一个重要环节。首先，他把各地的重点高中都办得有声有色。蒋经国是一个非常重视社会公平的领导人，但是，他绝对不会天真到以为消灭了重点高中，每所学校就会一样地好，每个学生的机会也会因此真正的平等。老实说，小孩过了十五六岁，个体差别已经很明显了，本来就该因材施教。到了高中，还妄想一切平均，让"每所学校一样的好"，这根本就是掩耳盗铃、自欺欺人。事实上，正因为重点高中是公立的，一来学费低廉，二来考试公平，后来又配以条件类似、竞争公平的大学入学考试，就可以确保有志气的寒门子弟能够不断出头。其次，蒋经国与其父蒋介石都非常重视"义务教育"。在他们的时代，学生通过师范大学与师范学校的公费制度，就读此类学校。除了免学费之外，在学期间还每个月发放生活费，确保基层教师的平均素质。台湾有很多秀异分子，早先家境清寒，年轻时都曾当过小学教师。再加上教师的待遇有相当的保障，人们愿意去当老师，这一下子就把教育水平给稳住了。再者，当时台湾各地的小学、初中的整体品质，也都相对平均，即使再偏远的学校，整体的硬件看起来也和城市的学校相距不远。至于教师的薪水，则是标准一样，甚至在某些偏远的离岛或山区，政府还给老师提供特殊加给，认真一算，薪水还比城里高。

王　　肖：大陆偏远的乡村学校很多，好像永远有支不完的教、捐不完的款、献不完的爱心，这种教育不公平的背后，其实是地区发展不平衡的问题。

薛仁明：教育的不公平，一方面是你所说的地区发展不平衡，可另一方面，其实也牵涉政府的重视程度。像台湾，虽说面积不太大，但不同区域的发展，依然是落差极大。在偏僻的离岛、山区，产业怎么有办法和台北相提并论呢？但是，通过蒋介石和蒋经国的教育政策，还是可以缩小教育的差距。据我所知，大陆这边的中学，比如一所大城市的重点高中，相较于偏远地区的学校，教师薪资可能相差好几倍，对不对？但在台湾，不管哪里的中学，教师薪资就是同一个标准。一位台北建国中学的教师，和台东兰屿（台东外海的一个离岛）中学的老师，只要年龄资历相同，薪水的标准就是一样。不仅如此，台东兰屿中学的老师还会有一笔额外的"离岛加给"。这样的待遇意味着，即使大部分老师仍然会往城市跑，但多多少少，乡下还是可以留得下一些对乡村有情感、对教育有热忱的老师。

王　肖：这样的待遇，的确能够吸引一些人的，比如像您这样的。

薛仁明：至少你待在乡下，依然可以衣食无虞、生活不窘困嘛！能留得下老师，基础教育的问题就不大。在蒋经国时代，除了基础教育相对稳定之外，另一个好处就是，公立大学的学费相当便宜。我读台大时，从大二到大四，整整三年，每个星期花四个晚上去当家教，每一次就上两个小时的课，结果一个月下来，我当家教总收入是八千台币。但是，你知道吗？当时我念台大时一学期的学杂费，也不过六千八百台币。

王　肖：哇！用今天的眼光来看，您完全是自己负担学费，真了不起！

薛仁明：情况确实如此。不过当时在整个台湾，像我这样的例子，其实不胜枚举，根本也没什么！

除了大一有点拮据，曾经跟家里拿过钱之外，大二以后，我压根儿就没伸过手了。后来我一个月的花费，包括住宿，只要不"乱买"书，最多也就五六千块台币。扣除每学期的学费，到了大四，我还有余钱寄点给弟弟。我弟弟读的是私立大学，私立大学的学费一般是公立大学的三至四倍。正因如此，当时在台湾，学生选报志愿，几乎都是将所有公立大学选完之后，才选私立大学。可是这若在美国，根本就无法想象，毕竟那是一个资本主义社会。这二十几年来，台湾因为美国化、资本主义化，开始逐渐调高大学学费，缩小公立与私立大学的差距，也开始准备消灭重点高中。事实上，重点高中的维持，还是必要的。至于你刚刚所说，在重点高中内，还要再弄个重点班，那就大可不必了。重点高中的弊病之一，就是学生容易产生不必要的优越感，可是，他们平日与其他学校的学生毕竟是分隔开的，优越感真要发作，终究时间也不长。可当你在已经普遍具有优越感的学校里再弄个重点班，这些学生"只好"从早到晚，整天摆着一副"精英"的姿态，时间久了，不异化才怪！

王　肖：最后，整个生态就紊乱了，重点班的老师换了一茬又一茬，有很多老师表示，教不了重点班。

薛仁明：事实上，只要大家的水平差不多，老师上课不会因彼此程度落差过大而产生教学困难就行了。既然是重点学校，这问题压根儿就不存在。你硬要把这群人的优越感莫名其妙地放大，搞到自觉是天之骄子，一个个眼高于顶，结果大家就会未蒙其利而先受其害！

王　肖：跟这问题相类似的，是因生存压力大、竞争激烈，大陆大多数父母为了孩子择校而殚精竭虑。学区房的房价飙升就是一个最好的例子。前段时间，一位广东的媒体人写了篇博客，说她特别不能理解有些朋友放弃郊区的大房子，非得到市区换成非常逼仄的小房子，就为了让孩子上一个所谓的重点学校。

薛仁明：关于重点学区的问题，台湾也有，也一样严重。认真说来，这也算是华人的文化基因了。我对这问题，倒是有点免疫能力。当年我小学毕业，一不小心，考了全校第一名。消息传开后，就有私立初中的校长来我家里拜访，也有亲戚建议要送我去台南市的公立明星初中。后来，我爸问我意见，我说私立初中和台南市的公立明星初中我都不喜欢，就想待在乡下，每天骑着单车去上学。我家虽穷，但真让我爸妈花这笔钱来培养小孩，他们还是愿意；可我执意待在乡下，他们也没太多意见，毕竟对他们而言，这其实也落个轻松。

我当时的心情是，要读书，就读嘛！干吗搞得那么费劲？我总觉得，后来许多人口中的"竞争"，虽是实情，但多少仍有点夸大，也有点自己吓唬自己。我在乡下念初中，其实也挺好，至少比起许多人初中生活的苍白无趣，显然我是好多了。到了高中，到了大学，当然是凭考试进去，但是你依然会看到台南一中、台湾大学那样的明星学校里的得得失失，显然不是外面所想象的那样。尤其在台大，从某种程度上说，台大是自由主义的大本营，也是西化的重灾区。人在这种整个西化导向的大环境中，当然容易出人头地，但也容易异化，更容易把自己搞得很不快乐。后来我发现，我的那些台大同学，快乐指数都挺低的。我同学中公认的最优秀的那位，后来居然自杀了。

台大除了在社会上有些虚名之外，也常常让人疑惑：我来台大干吗？当然，你比别人会读书，也确实读了不少书。可是，你读这些书干吗？对你真的会比较好吗？除了找工作有个优势之外，你会因此活得比较清楚明白、踏实愉快吗？未必！结果当然是未必！我那位自杀的同学，恰恰就是一个有"成就"、会念书又最擅长思辨的人。

我想，台大的学生，读书的能力一定都很强，可是，活得好的能力却一点儿也不突出。他们谈人论事，总可以滔滔不绝，但面对自己生命，却一点儿也没看出比较高明之处。换言之，从整个社会的角度，这种明星式的重点学校，确实有其必要；但就每个家长而言，倒不需要心存过多的迷思。挤破了头，真把孩子送进重点学校，到底是福是祸，其实还很难说。我们需要认真地问上一问：小孩会读书和活得好，若是两者不能兼得，到底该孰轻孰重？

当然我也必须承认，将来出来找工作，台大的名声肯定会比较好一些，毕竟是名校嘛！可是，你想从事的工作如果是教书，则需要经过统一的考试，那台大不台大，其实也无关紧要。台大的毕业生到社会上，人家当然会另眼相看；不过，人家也常常会提防你，通常也不会太喜欢你，因为你的姿态多半比较高。

王　肖：**名校"培养"出来的高姿态，如同被植入了的精神基因，一般很难移除的。**

薛仁明：台湾的媒体曾做过多次调查，问企业主最喜欢的毕业生，一向不是台大的，而是成功大学的。成功大学在台南，以前的校风相对朴实些。至于台大的毕业生，他们习惯于争取自身权益，也习惯于用鼻孔看人。台大那种自由主义学风，把学生熏陶得再怎么以自我为中心、再怎么个人主义，也都是一副天经地义的模样。台大的毕业生凭着他们的聪明，甚至能轻易地把自己的傲慢与优越感所招致的别人的厌恶，解释成人家对他们的忌妒。

更麻烦的是，随着台湾这二十多年来教育的恶化，台大毕业生的聪明程度普遍下降了，但自我意识却大大提高了。越到后来，他们的优越感就越显得滑稽。这样的滑稽，也同样发生在台湾最拔尖的建国中学。我有个好朋友在建国中学教书，我常去和他见面。近几年来，我每回去建国中学，看到学生的整体素质与生命气象都在逐年下降，几乎与台湾这些年的教育沉沦完全同步。这里的学生除了依然会考试之外，以前常见的那种气宇轩昂几乎不见了。可尽管如此，他们出了校门，还是得意非常。他们还会随时背着印有"建国中学"文字的书包，而且必定摆在最显眼的位置，唯恐别人注意不到。后来我跟朋友讲，你要提醒学生，一所再烂的学校，总会有全校第一名；一个素质再低落的时代，也会有那个时代的状元。有时候，要搞清楚自己的时代，也要弄清楚自己的斤两，否则，你的得意就会变得有些好笑。

王　肖：我们再绕回去，谈谈您之前所说蒋经国时代所保留下来的教师待遇，使得某些老师愿意留在偏僻乡间教书。这一点，更重要的其实是为了乡村的未来。有一年，我去青岛采访，当地的专栏作家约了几个朋友一起吃饭，席间他们谈道，"好像我们几个都是贾樟柯镜头下的小镇青年出身"。在二十世纪八九十年代，中国还有耕读人家、还有县城文化，正是这些散落在中国大地上的社会小单元孕育了一批批的社会栋梁。但后来，尤其是2000年以后城镇化的推进，乡村就没落了。

**薛仁明：** 这一点非常重要。之所以重要，不在于惋惜，也不在于怀旧，而在于这牵涉整个中华文化的绝续存亡。

在中国古代，中央有着强有力的大一统，但地方同时保持着极度丰富的多元性，两者之间，看似矛盾，但却能同时并存，甚至互补共生。这种大一统与多元性的矛盾统合，是中国文明的一大特色。乡村也好，县城也罢，代表的是与大一统互补的多元性，这里面蕴含着绵绵不绝的民间生命力。这样的生命力，首先源于人与自然的联系，其次源于人与人之间紧密而丰富的关系。大陆有个很好的说法，台湾倒是少用，叫作接地气。接地气，一方面接的是自然之气，另一方面接的是一种质朴而踏实的充沛元气。中国古代的朝廷，每回因历时过久，及至朝代的末年，总如人有生老病死一般，会变得情意慌慌、暮气沉沉，这时一旦建立起新朝、开创新时代，就能让中国文明再度焕然一新。这恰恰就是一群接得了地气的英雄豪杰所为。我读《史记》时，看到整个中国大地上都有那么一群接地气的人。真是觉得，有这等丰沛而多元的生命力，难怪中国文明能够绵长恒久、生生不息！

中国有句老话说得好，"藏富于民"，事实上中国也一向藏元气于民间。什么是民间？民间就是接得了地气的地方。接得了地气，才能够生生不息。这是我读中国历史最大的心得。城市不是一个容易接地气的地方，也不是一个容易让人有元气的地方。城市固然重要，也确实有其必要，但是自古以来，中国文明的根柢、中华民族的元气，一直是深藏在风日洒然的乡村以及人世深稳的小镇与县城里。我们留得住这样的乡村、小镇与县城，就等于留得住这样的生生不息，也等于留得住真正的中华文化。

王　肖：提起中华文化，前面提到写那篇文章的中国妈妈后来也说道，中华文化是非常宝贵的精神财富，这也是她送孩子回中国上学的最根本原因。因为中国对世界的认识，绝对值得她的孩子用一生的时间去体会。她不太认同美国那种黑白清楚、对错分明的思维模式，她希望孩子回国接受中华文化教育之后，能够更包容一些，也能学会在复杂的世界中解决问题。她的做法有点让孩子逆流而上的感觉，当多数人把孩子送到美国读书，她却把孩子送回了中国，或许正是因为她看到了这些。

薛仁明：她不是逆流而上，说实话，她是个先行者。这样的趋势，只会日趋明显、日趋普遍，你信不信？

其实，随着中国的崛起，中国走出贫弱，开始有了自信，与西方心平气和地接触之后，那种对西方纯粹想象的历史阶段就要慢慢过去了。换句话说，"外国的月亮比较圆"的心理状态，的确已经渐行渐远了。百余年来，我们习惯于仰视西方，如今我们开始学会怎么平视西方。所谓"平视"，当然不是刻意轻蔑，也不是存心丑化，而是不卑不亢，如实地看到彼此的差异。这位妈妈，正因为在美国待过，很清楚东西方文化之间的差异，恰好又碰到中国逐渐恢复的自信，因此便可从容淡定地"平视"西方。

这么一篇"平视"西方的文章，能够在网络上备受讨论、又几经转载，这正意味着整个中国已经慢慢走出"独尊西方"的老路了。事实上，今天东西方相互逆转的形势已经非常明显，美国显然过了最高点，正迅速往衰败的方向倾斜，这时还急着把小孩送到这么一个走下坡的国家，的确有些昧于形势。当然，撇开现实，假设美国是一个历史底蕴极深、非常有文化厚度的国家，那当然要另当别论，我们也理应虚心学习，可偏偏美国又完全不是这么一回事。美国当然有其优势，也有值得参考之处，但如果要把小孩送到美国，至少不必这么争先恐后、更不必把美国想象成梦幻般的国度！真要送，不妨先如实地了解一番，也不妨先把这位妈妈的文章多读几遍！

# 8.家风到底是什么？

王　肖：讲到家庭的氛围，自从城市化进程加快、生存压力变大、社会娱乐活动也变多了之后，父母似乎就难当了，经常是说一套做一套。比如要求孩子好好读书，要培养各方面素养，可落实到他们自己身上，却是妈妈要做美容，爸爸得应酬。文化的载体发生改变之后，把文化资源在很大程度上变成了二手的东西，家庭的文化氛围也早已没有了。我小的时候，到了晚上，爸爸在旁边读杂志，妈妈在批改作业，我和哥哥在做功课。

薛仁明：除了城市化之外，这也和我们当代社会的整体走向有关，即使台湾乡下也同样如此。只要父母亲供养得起，就努力把小孩往外送，整天把小孩送去学这学那，但家里从不做这些事。一方面是因为大家对于专业，有种近于迷信的过度信任，总觉得小孩所学的只有外面专业的老师才教得好；另一方面，更大的迷信是，我们觉得小孩需要学很多的才艺。

王　肖：对，因为焦虑嘛！就是生怕小孩学得少。

薛仁明：既然父母亲都忙，那么最持之有故、言之成理，也是
最简便的方法，当然就是把小孩送去学东西。结果，
小孩今天学这，明天学那，个个"十八般武艺样样精
通"似的，可是，成效呢？正如我之前所说，他们中
有很多人从小被送去学钢琴，可长大之后，音乐品味
却是空前恶俗。我想，家长急着把小孩往外送、急着
要培养他们各种"素养"之前，不妨先问问自己，你
当真搞清楚最后的结果了吗？

老实说，我并不喜欢说服别人做什么或者不做什么。
一来，没意思；二来，我也懒得讲。通常的情况，就
是我先做，你来看；看了有感觉，我们再来聊聊。我
们家三个小孩，之前他们绝大部分时间都在家里，出
去外面上课，其实也就一门书法课。那门书法课，还
是我好朋友的女儿所教，算是很熟的人。每个星期，
他们就骑单车出去学一次书法，除此之外，就没有其
他课程了。有朋友也曾提议，是不是该让小孩再出去
学些什么？我说，没关系啦，在家就行了。结果，时
间一长，相较之下，反而开始有不少人羡慕我们家的
小孩。看他们每天从容不迫，生活过得滋滋润润，他
们从来不必急急忙忙赶着去学什么才艺，只是在家闲
暇时，看看京剧、听听传统戏曲。几年下来，三个孩
子都成了戏迷。闲暇之时，他们就哼唱两段，这样不
论对于孩子性情涵养、传统故事的熟悉，还是中文的

掌握，都很有帮助。最重要的是，"乐（yuè）者乐（lè）也"，他们这么哼唱着，真的是很快乐。除此之外，小儿子薛朴没事就练练劈腿、二女儿抽空就练下腰，他们甚至还自编自演新戏呢！

他们不仅玩得这么有趣，还玩出了心得，这一切在家里就可以实现。反正，他们就看嘛。家里有电视、有读光盘的机器就行了！关键是最初的时候，我们夫妻带着他们一块看；看了一阵子，他们有了兴味，慢慢就变成我们陪着他们看；等到他们上手了，自自然然，我们就可以淡出了。偶尔站在他们身后看个几分钟，若真好看，也恰好有空的话，我们就坐下来一块看。平常吃饭时一起听听唱段，再听他们大聊戏经。这么一件事，他们能够做得如此长久、持之以恒，并不在于我们请了谁来教，也不在于我们送他们去哪里学，最关键还是在于我们先带领、后陪伴，换句话说，父母的参与才是最大的关键。

王　肖：**不参与，就难有"家风"。不过，现在来谈"家风"这个词，是不是太过奢侈了呢？**

薛仁明：的确。在现代社会里，要说"家风"，还真有人觉得诧异。可话说回来，一旦"家风"没了，所谓家庭，差不多也就剩个空壳，名存实亡罢了。问题的症结其实是整个当代社会，压根儿就有种破坏家庭、消弭家庭功能的倾向。通常你越认可当代社会的主流价值，就意味着你的家庭可能就要面临越多崩解与动摇的危机。为什么这么说呢？自从工业革命之后，生产力开始无节制地恶性膨胀。为了扩大生产，现代社会便鼓励所有的家庭成员统统投入职场，当家庭成员都急着往外跑时，家庭当然会迅速萎缩。麻烦的是，夫妇不仅必须同时"被投入"职场，现代社会用"女权""社会成就""自我完成"等名义，千方百计把女性从家庭中给抽离开来。从早到晚，越来越忙，忙到最后"只好"把小孩往外送。先是出生后不久，便往保姆家送；稍稍长大，再送往托儿所、幼儿园；等上了学，课后的晚上与假日，又往各种补习班、才艺班跑，从此，家庭名存实亡。传统中国之所以重视家庭，儒家之所以强调齐家，正因为大家清楚：一旦家不成家，很快的，国也不会成国。

如果没有家庭的参与，如果没有"家风"的支持，今天小孩在外面所学的一切才艺，最终只会是浅尝辄止。他们接触的多，知道的不少，可是这些东西很难在他生命里生根发芽，也很难产生足够影响生命的能量。在台湾，每年到了寒暑假，总有许多小孩去参加什么夏令营、冬令营。可在结束后，绝大多数人参加了也就是参加了，啥东西都留不下！现代社会最大的困境，就是事物开头的花样繁多，最后都变成了浮光掠影，也不知道能留下些什么。而现在孩子最大的悲哀，则是他们东学西学、学这才艺学那才艺，可学到最后，他的人生却不能积蓄什么厚度。

王　肖：我记得我的朋友张素闻跟我提过，小时候，她爸爸在一个老比丘的教导之下，写了一张红纸——"天地国亲师"，就贴在家里的堂屋上。每天清早起来，她爸爸点上香，就对着"天地国亲师"拜上几拜。"天地国亲师"这样一个牌位，可能是传统中国人家里面都有的。她28岁时，在广州的一棵大榕树下，突然想起这件事，内心就被触动了，也突然明白自己是"天地国亲师"之下的一个人。整个伦理秩序忽然就清晰明白了，生命感，也就回来了。

薛仁明：对。我之前在学校教书多年，最能体会的一件事，就是我们当老师的，千万不要自我膨胀，也千万别以为我们能改变学生多少。事实上，我们所教的每一个学生，即使不是成品，也是准成品。至少，学生生命里的八九成，老早就定型了。剩下的一两成，我们也就能做些细微调整，力量是非常有限的。某些学生乍看之下被我们影响了，其实这只是因为他有那样的条件，恰恰因缘具足，让我们给触到了。认真说来，这也不是我们有多大的能耐，学生来到学校前，他生命中已经定型的那八九成，有一部分毫无疑问是源于根器，另一部分则是因为家庭教育，也就是刚刚所说的"家风"。

如果我们把天生根器这部分搁置的话，相较于学校教育与社会教育，家庭教育真的是太重要了。任何教育都无法与家庭教育相提并论，如果像现在这样统统往外丢，小孩几乎就等于没有了家庭教育，不出问题才怪。

不过，相较于"家庭教育"这个词，我觉得传统所说的"家风"其实更好。张素闻父亲的这个"天地国亲师"，与其说是家庭教育，不如说是"家风"。她父亲这么做，未必有什么直接的教育目的，但如此一做，自然就会形成一种"家风"。"家风"所及，小孩未必能懂，也未必能自觉，但年深日久，那股"风"在心中的感觉，自然会发酵、会酝酿，等时节因缘一到，也自然会产生能量。有"风"，就有能量呀！

王　肖：至今我还记得一个场景，幼时我妈妈下班回来之后，每天都要备课、批改作业，当时我就坐在她的对面。现在想来，都忘了当时我在做些什么，可是却养成了一个好习惯，即有余暇的时光如果不做点儿什么就会心生愧疚。以前没想到后来会从事文化相关的工作，等我做了这份工作之后，就更明显地体会到小时候家庭的氛围带给我关于阅读、珍惜时光等习惯培养的好处。从文化、教育的角度来看，我觉得，这是家庭留给我的财富。

薛仁明：你所说的不就是"家风"吗？"家风"是一种学习，更是一种熏陶。"家风"有时是言教，更多则是一种无言之教。生命之事，常常是无声胜有声。无言之教，牵涉最特质、也是最根柢的生命感，这是父母亲责无旁贷的工作，也是家庭教育最无可取代的重点。所谓的生命感，可以是你所说的某些习惯，也可以是生命的态度。今天把孩子送到外面去补习、学才艺，短时间看起来，似乎挺对、挺重要。实际上，真正影响孩子深远的，却从来不是这些东西。他的生命感，比如：做人厚不厚重、对人有没有一种根柢的善意，这才会真正影响他一辈子。最直接教授这些东西的，不是孩子的父母亲，又是谁呢？如果整天把小孩往外送，小孩又哪来时间去慢慢学习、慢慢熏陶这些最根本的生命态度呢？如果少了这种学习、少了这种熏陶，那才真是孩子毕生的损失。至于外头所学的那些东西，其实并没有大家想象的那么重要。

**王　肖：** 重要的，其实是其他的东西，而不是那些技艺本身。

**薛仁明：** 对。我总觉得，现在的孩子都学得太多了。有一两样能上手、能衷心喜欢、能长长久久陪着的事情，那就够了。何必要学那么多呢？当代人过于强调"多才多艺"，听上去固然不错，但我所见过的"多才多艺"的人，能活得好的，却不算多。通常东西一"多"，未必就是好事。"多"，未必是富足，也未必是踏实，而是填补、是塞满。塞了半天，自己却越来越烦。我认识一个人，因为得了躁郁症，所以每天晚上、每个假日一定得去学各种才艺，只要不学，她就发慌。论认真，她比任何人都认真；只不过，这对她的生命真有帮助吗？

后来我越来越清楚地意识到，有些东西我们不会，有些东西我们没听说过，真是一点儿关系都没有。我有一篇文章《如果你没读莫言》中就提醒大家："至于莫言该不该得诺贝尔奖，或是莫言的作品到底好或不好，老实说，那可一点儿都不重要。"如果没读过莫言，更是没什么要紧。当年高行健成了华人第一个诺贝尔文学奖得主之后，在台湾引起了极大轰动，其小说的销量从原先的一千余本一下子变成了热销十几万本，可是我甚至连去书店翻翻他写些什么的念头都没有。真要问我，我只关心，诺贝尔奖和我们到底是什么样的关系？我也只关心，这样的流行热销又到底和我们有什么关联？除此之外，我真的不需要知道那么多，也不需要什么东西都会。老实说，即使这些都不知道，这些都不会，我一样可以活得很好。

我们这个时代，有太多的迷思。这些迷思，导致我们有太多不必要的焦虑与不安。我们这个时代，要让小孩学很多的才艺，要让你知道许许多多的东西。我们这个时代，会要你不断地购物、不断地更换新产品。另外他们还会告诉你，你必须去很多的地方旅行。

王　肖：我的理解，这种"必须去很多的地方旅行"观念的背后，是视野的焦虑和享受的焦虑，我得去外面看看，我还有那么多东西没有享受过。

薛仁明：说白了，就是两个字——焦虑。有一回，我听一个台湾文创名人对她的听众说：你们没去过西藏吗？没看过西藏的白云吗？这怎么可以呢？当时我只觉得好笑，没看过又有什么要紧？即使在北京，也能看见很漂亮的蓝天白云呀！更别说我住的台东池上，每年总有好几个月的时间，那云气变化之丰富、那天空颜色之迷人，大可不必夸大西藏的景色。去过，当然好；但没去过，又有什么不可以呢？这位文创名人的说法，其实就是资本主义式的夸大与焦虑。

说实话，很多人一辈子就是在乡下待着，什么地方都没旅行过，但他的生命一样可以很圆满，也常常过得比那些夸大旅行重要性的人好上许多。

王　肖：那么多伟大的作曲家、作家，都没有离开过自己的家乡，比如德国作曲家巴赫、哥伦比亚作家马尔克斯、英国作家艾米莉·勃郎特，他们照样能够写出传世经典之作。

薛仁明：真是如此。有回我在"读经教育高端培训班"讲座时，也有人问起关于旅行的事，他很好奇，古人所说的"读万卷书、行万里路"，到底确切的有效性在哪里？我的回答是，读万卷书固然是好，但稍有不慎，就可能因读书太多而把自己给读坏掉、把自己弄得神形萧索、黯然无趣。这种人，你们总该都见过吧！至于行万里路，首先得看持有什么样的心态：如果能虚心地看、敞开胸怀地看，那么山河大地尽是法身，整个山河大地都在为你说法，不仅增广见闻、开拓视野，更有助于整个心量的扩充。如此一来，行万里路的你，自然是气象非凡。然而，如果是消费式的观光，吃吃喝喝、大肆采购，最后再忙着拍照上传，那就只能是老子所说的"五色令人目盲，五音令人耳聋，五味令人口爽，驰骋田猎令人心发狂"。旅行得越多，人只会越乏味，真要说"行"万里路，那也得看你是怎样的"行"法。毕竟你所谓的"行"，跟汽车开过、飞机飞过，完全是两回事呀。飞机飞过，就算飞了一亿公里，也没用呀。

**王　肖：我最喜欢薛老师"刻薄"起来所用的语言。**

薛仁明：我们对于这类东西，实在有太多的迷思，这里面不知有多少资本主义的商业逻辑在推动着。活在现代社会，资本主义的商业逻辑真如天罗地网一般，有时还真不得不让人感慨：无所逃于天地间呀！每回我到台北，看到每个角落无处不在的商业广告，到处是消费刺激，到处是小资情调。走到哪儿，他们都要你"做自己""活出自我""对自己好一点"，简言之，就是好好地投入职场，然后再好好地融入消费洪流，最后累了，就不断地劝你旅行，"换个心情""找回自己"。总而言之，资本主义渗透到我们生活的每一个角落，在不知不觉中，我们被异化了，我们变得无法安然当下了，所以我们容易心烦、容易气躁，我们必须不断地向外追求，必须不断地消费、不断地旅行。消费久了，变成消费癖；旅行久了，变成旅行癖。只要不旅行，平日的生活就索然无味、极难忍受；旅行久了，等于在外边不断地漂泊。近几年台湾竟然有群五六十岁的老文青很认真地劝大家去流浪。如果二十来岁去流浪，那还真是件美事，可到了五六十岁，你找不到一个安顿之处，还整天标榜流浪，那多不堪呀！

# 9.教育孩子，非要和别人步调一致吗？

王　肖：中国人那种"秀才不出门，尽知天下事"的本事，曾是何等的胸怀！不出门、不旅行，也同样有那样的胸襟与气度。对于资本主义商业逻辑下价值观的盲目崇拜和迷失，您看得特别清楚，这是不是促使您的三个孩子在家念书的另一个原因？

薛仁明：对于资本主义，西方的社会主义有长期而系统的批判。但对我而言，与其用社会主义来"批判"，还不如用中国文化来"观照"。我对于资本主义多有批评，对于西方民主政治也没什么好感，因此有人会觉得我比较"左"。其实，我一点儿都不"左"。老实说，我只是非常地"中"。换言之，我一直是从中国文化的角度、从中国人的生命态度出发，来看待当下社会之种种，当然也包括了我自己孩子的教育。

认真说来，让三个孩子在家里念书的想法，我一直都有。毕竟，我教书多年，太清楚台湾教育里的西方架构有多么的根深蒂固，尤其是将经国去世之后，资本主义一下子长驱直入，对于整个教育领域，直接是侵门入户。从小学开始，学生就被教导如何理财，更麻烦的是，还一直被灌输种种的"权利"观念。被"权利"观念洗脑久了，那些标榜"独立思考"的学生，就开始变得一个比一个"自我"，中国传统文化所强调的"恕道"，中国人一向在乎的"体谅之情"，甚至台湾民间一向的温厚，就慢慢不见了。

台湾一所重点大学的副校长曾与我见面，聊天中，他感慨最深的就是台湾的大学生经过四年的大学教育之后，怎么越变越没"人味"了呢？我当然清楚，这样的问题，不仅仅只存在于大学，中学、小学也是一模一样。正因为如此，我始终觉得，能让小孩在家里念书，肯定是个比较好的选择。

可是就客观条件而言，当时我在外面仍不时四处奔走，我内人也有工作要做，所以，时机与条件都不允许。更准确地说，当时没真下决心。后来，因为我大女儿要升中学，我内人就开始焦虑。因为台湾的教育改革，中学是重灾区，中学里乱七八糟的现象特别严重，有些已近于匪夷所思，崩坏得非常厉害，我内人就特别担心将来大女儿到学校会怎么样。那时我就对她说，不然就在家里学吧。后来一想，既然老大在家，那么两个小的也一道吧！毕竟，给一个人所花的心力，和给三个人相比差不多，而且三个孩子在一起，有陪伴、有互动，也不无聊。当时我内人觉得，这么做固然不错，可又担心跟整个教育体制脱节。我说，不然就先试一个学期看看。一开始，她也可以不停掉工作，先让三个孩子跟我一块在家里。如此一来，问题就不大。这时，她仍然不放心，总担心我会过度无为，甚至不管，整天就让孩子"放牛吃草"。后来，她决定留职停薪，请假一年。

开始自学之后，前两个月，其实她还挺焦虑的——毕竟，自学的"前途未卜"，是好是坏也没个底。等两个月过后，慢慢上了轨道，即使孩子再学学校的功课也跟得上，和以前相比也没什么退步。后来有朋友来做客，都觉得我们小孩的状态很好，甚至连教育单位来视察的委员也觉得我们的自学颇为成功，从此，她的心态就慢慢稳定下来了。

**王　肖：这样我就明白了，其实您不是事先有个特别完美的计划，也没有为孩子设计一整套详尽的教育方案。**

薛仁明：没有。这样"完美的计划""详尽的教育方案"，都和我的想法、性格太不相合了嘛！我以前教书，从来不写什么"教案"。只要是活的东西，就必然有不确定性，哪可能有什么"完美的计划"？又怎么会有"详尽的教育方案"呢？大方向是一定要有的，但落实到具体的细节，就要因时因地制宜。大原则要能与弹性并存，保持一个动态的平衡。计划若是太完美、方案若是太详尽，必然就会失去弹性。一旦失去弹性，原来活的东西，就失去了生气。好端端一个活活泼泼的孩子，也会教成死气沉沉。规划过于清晰，还会有落空的问题，只要落空，你就会整天患得患失。

**王　肖：您的意思是，您并没有太长久的规划。换言之，他们哪一天要是想回到学校，还是可以回到学校去。**

薛仁明：是啊！先这么做，如果条件允许，就不妨再多做几年。大方向就是如此，具体的细节还得视情况而定。他们每天在家自学，晚上不到九点就上床睡觉，生活规律得很。这样的规律，对于家里的整体氛围也很有帮助。当初在学校上学时，孩子回到家，我内人总会督导他们的功课，尤其是我们家二女儿比较散漫，也会偷懒，有时作业根本就是乱写，我内人常常因此气得不得了。自从孩子在家自学之后，她骂二女儿的情况就改善了许多，虽然难免还会骂，但不会像以前骂到怒不可遏。毕竟，以前孩子放学后，大人、小孩都很累。加上事情又多，事一多，时间就拖得晚，时间一晚，就容易急切。若老师又打个电话来说孩子在学校怎样怎样，自然就会有非常多的情绪在短时间内爆发。在家自学，因为没有时间的压力，凡事就比较从容，这一从容，对整个家庭都是件好事。早先，相较于同侪的孩子，我家三个小孩算是比较开朗的，自从在家自学之后，他们明显更为开朗，眼睛也更加明亮。上回歌唱家龚琳娜来我家，除了讶异小孩自己做午餐之外，也非常惊讶他们的眼睛之明亮。

王　肖：不过，不知您是否担心过，别的孩子都有同学情谊之类的，您家的孩子则越来越少和外面的小伙伴接触。

薛仁明：这倒还好，他们不时也会有一些同伴往来。比如回老家时，他们有堂兄妹，平时会有邻居的孩子，甚至我小学同学的儿子女儿也会一块来玩，他们玩得都挺好。我有的朋友，暑假也会专程带小孩来和他们仨共同生活几天。整体而言，他们和同辈接触的机会，一点都不算少。

另外，今天我们所谓的同学关系，其实是比较现代的产物。如果是古人，就未必有那么多的同学。但即便如此，他们后来与人相处，也没有多大困难。事实上，今天我们所强调的同龄关系，本来就只是人际往来的一部分。同龄关系若是过度密切，有时反而会削弱跨龄往来的能力，也容易造成某种"同龄偏执"。台湾以前常说的"代沟"，就特别容易发生在过度重视同龄关系的孩子身上。这些年来，台湾又有一群人爱谈"世代正义"，不同的世代，仿佛也变成了对抗的关系。我看了，觉得挺没意思。他们口中的"世代正义"，依我看来，多多少少是有些他们的"同龄偏执"。这种"同龄偏执"，说穿了，就是党同伐异，太在意同龄关系，就容易出现青少年常见的拉帮结派。

话说回来，只要小孩的生命质地好，与人相处自然就不会有太大的问题。小孩的质地不好，即使整天与同学相处，也会天天"遍体鳞伤"地回来。若是如此，小孩每天与人来往的能力，也只会越来越退缩，对不对？我们当老师的，都曾遇到过不少这样的学生。当然，与同龄人接触得多，可以是种学习，也是件好事。不过，一般说来，接触的多寡，更多是影响他能否应对纯熟，也影响他生涩或者世故，至于真正与人相处的能力，这倒不是多大的关键。真正的关键，还是在于他的生命质地。

**王　肖：我觉得你们家的好处是，本身就是一个小环境、小集体，有三个孩子，这是大陆很多父母无法营造的家庭环境。**

薛仁明：对。确实如此。不过，当大陆人口压力过了最高点之后，生育政策就慢慢放松了，独生子女的问题也会随之改善。我觉得问题的重点，并不在于我们家的经验能否复制，而在于每个家庭是不是都应该像我们家一样找到一个相对合适的方式。事实上，我完全不赞成独生子女一个人在家自学，把小孩弄成独一无二、没人可参照，又无法产生人际关系，那问题太大了。

**王　肖：那独生子女还是要送到学校里去？**

薛仁明：要么送到学校，要么送往私塾，不然找人一起学，就是别一个人在家里。

**王　肖：我很好奇，您的三个孩子平时上网玩游戏、上网聊天**

吗？我感觉，这些新兴的电子设备，一方面会让孩子的心性越来越不稳定，可另一方面，如果一点儿都不接触，会不会与时代脱节？

薛仁明：很多人的确问过我：您的小孩学不学电脑？我说，他们仨基本不碰电脑。不碰电脑，有两个原因：第一，将来他们真要学、真要碰，自然就会去学，而且会学得很快。因为电脑的操作只会变得越来越简单，他们根本不需要花那么多时间，提前去学那些随时都可能被淘汰的方法与技术。我记得二十几年前，有些朋友花了大量时间去学计算机，好像不管怎么学，都永远学不完似的。几年前，因为出版《天地之始》，我才开始使用计算机，在这之前，我基本不碰计算机，连发个电子邮件都不会。可是当我真有了需要，其实也没花什么时间来学，没多久就基本上手了。毕竟，电脑的操作日趋简易，是必然，也是商业逻辑。商人为了让产品有竞争力，必然会把所有的复杂操作都简单化。因此，你根本不需要在小孩有实际需要之前，就急着先教会他使用计算机的方法与技术。他一旦学会，在真正派上用场、有实际用途之前，早已用电脑做了许多不必要的无聊事了。第二，这些新兴的电子移动设备对小孩的杀伤力，尽管大家多少有些意识，但整体而言，我觉得还是低估了，大家都太小看这些玩意对孩子真正的杀伤力。关于这点，相较于大陆，台湾的问题可能更严重。

王　肖：哦？请详细说说。

薛仁明：台湾是个资本主义社会，连学校的教育都有不少资本主义的意识形态，因为这样的意识形态早已铺天盖地，许多家长甚至连基本的警醒能力都没有。目前的情况是，几岁大的小孩甚至才几个月大的婴儿，也要玩手机、要玩平板电脑。只要小孩一哭，爸妈就把这种"电子保姆"塞给他，这一塞，马上见效，小孩果然就不哭了。讲句难听的，简直比毒品还"灵"！现在我在许多场合，只要看到家长带着孩子的，那些孩子常常就是人手一机。

王　肖：反正，玩各种电子设备的都有。

薛仁明：对啊！移动设备这么"灵"，小孩的魂魄整个就被勾过去了。正因魂魄被勾去了，等到有一天大人把这玩意拿掉之后，小孩当然就开始焦躁、生气，甚至歇斯底里。古人所说的中"蛊"，或是台湾民间所说的被邪祟"煞"到，差不多就是这样。可怜那么多的父母，让孩子中了这么深的"蛊"，还把这玩意奉若神明，更何况，中了"蛊"的这些小孩，才这么小。他们的将来，到底又该怎么办？现在不少专家已经意识到这个问题，也开始做了研究，小孩若习惯了这个设备之后，将来他会慢慢失去与人相处的能力。

王　肖：制造这些东西的商业逻辑，本来就是以最快的速度来吸引人的注意力，当然会用最大的噱头与最刺激性的方式。小孩一旦习惯于此，专注做事的能力就会越来越低。前两天，我看一位教授的书说，现在最难找回的一种能力，就是专注。新兴媒体对人的专注力的伤害，是非常大的。有人曾做过调查，现代上班族平均每四分钟看一下微信，又隔几分钟刷一下微博，你想，时间被敲打得这么零碎，成人倒也罢了，小孩怎么成长？

薛仁明：对啊，这就是最根本的问题了！不过，新兴媒体对成人的伤害，其实一点儿都不应该"倒也罢了"，毕竟，有什么样的成人，就会有什么样的儿童。成人的时间一旦零碎化，小孩的时间掌控也就变得零碎化。成人一旦停止成长，小孩就不会有未来。

我想，面对这些新兴媒体时，多少要保持一点传统儒家所说的"戒慎恐惧"，还是比较必要的。首先，谁也不要高估自己的自制能力。早先，我家里要装上网宽带，讨论到要不要把网线装到卧室时，我坚持不肯。因为我很清楚，我未必能掌控自己完全不会虚掷光阴于这些玩意儿上，尤其卧室本来就是一个特别容易放逸的地方。既然没把握，就只能让这东西保持些距离，于是网线就装在我平常工作的厨房。没错，我平常就在厨房工作。至于小孩，更是如此。面对这么能蛊惑人的东西，你怎么能够苛求他们那么小就具备这么强大的自制力呢？睁眼说瞎话嘛！

其次，我们也千万别高估这些东西对人的正面帮助。我之前去台北市的中山女高给一群高中历史老师讲课，按理说，这种不算大的场合，校长通常是不必来的，即使来了，顶多也就说几句场面话就走。特别的是，这位中山女高的校长从头到尾，整整听了两个多小时，她一来是被我的讲题吸引，二来则是听说我讲座有个习惯：从来不用PPT（演示文稿）。

不用PPT，意味着我不借用光影声效，只用最简单的语言甚至直接就是"我这个人"来传达讯息。因为简单、因为直接，反而可能会更有力道。那天有位老师因事晚到，散场之后，听说还特意找了视频把前头没听到的内容都给补看完了。我想，这些年来，大家都太依赖且太迷信那些声光媒体了。当初我在学校教书时，教育行政单位甚至还考虑将是否使用这些教学媒体列入考核评鉴的项目之一。他们总强调，要用更多的教学媒体，才能引起学生上课的兴趣。我心想，算了吧！你再怎么吸引，能抵得过好莱坞电影吗？能比得上电玩游戏吗？当学生习惯了好莱坞电影、电玩游戏之后，你上课所用的那些媒体设备算什么？再怎么用，学生也一样是索然无味，顶多一开始被你吸引了一会儿，不多久，一样又要打盹了。而且越用媒体设备，教室的灯光越昏暗，也越容易睡着。另外的关键是，越依赖教学媒体，教师简单而直接的讲课能力就会慢慢退化；越依赖教学媒体，师生之间表情、眼神的互动便会减少；越依赖教学媒体，学生专注倾听的能力也会逐渐消失。

所有的新兴媒体，几乎都是如此。利弊之间，哪里是外表看起来那么简单？我想，还是刚刚那四个字："戒慎恐惧。"也正因如此，我们家不让小孩上网玩游戏、聊天，他们也不看好莱坞电影，甚至小时候连迪斯尼动画都看得极少。除了回老家时陪陪祖父母看看电视之外，他们平常只是看看京剧、戏曲。他们只放碟，不看电视频道的。

**王　肖：** 您不怕将来小孩出去读大学，没人跟他们聊杨宝森（著名京剧表演艺术家）吗？

**薛仁明：** 不必担这个心。担心"没人跟他们聊杨宝森"和前面你所提的"担心会不会与时代脱节"，其实是同一个问题，也是同一个时代现象。现代社会因讯息流通过于迅速，我们反而容易有"与时代脱节"这样的焦虑。这也是我常说的，信息过度发达之后，人容易同质化、单一化，也容易变得不自由。

我大学毕业之后，才开始看传统戏曲，看得越久，越喜之不尽。在后来的许多年里，我的朋友圈中，根本就没人看戏曲，尤其"去中国化"的氛围那么浓烈，有几个年轻人看京剧呀？我每回进京剧剧场，一看，周围几乎都是七八十岁的老先生、老太太。但这不妨碍呀，我就暂时先用《孟子》所说的"独乐乐"吧！

说实话，我挺自得其乐的，也挺自由的。直至如今，我写文章、做讲座时，把原先的"独乐乐"说给他人听，如此一来，"独乐乐"变成了"众乐乐"，我觉得也挺好的。

我的小儿子薛朴刚上小学时，全班当然只有他一个人看京戏，但是，这根本不打紧。后来的情形是，每回才艺表演，同学们都要伤脑筋表演什么，也担心会不会和别人的表演一样；至于薛朴，他完全没有这种烦恼，反正就是唱他"独门"的老生唱段。之后，我在报上发表了《戏迷薛朴》一文，他们学校的老师或影印、或转载，班主任则要他向班上同学介绍京剧。我觉得，这也挺好的。

人与人之间，本来就是"和而不同"，一样或是不一样，根本不重要。两个人相处，合不合得来的关键，并不在于彼此的相似度有多高，而在于彼此的相容度有多大。假使咱们两个人很相像，你打电玩游戏，我也打；你讲周杰伦，我也讲；你爱耍酷，我也耍。可到头来，我们整天在一起，依然很可能会翻脸。但是，如果你讲你的周杰伦、我听我的杨宝森，我们也未必是无法往来的。我们家小孩唱京戏，他们的同伴没有人做这事，但彼此依然可以玩得很开心。人与人相处，未必要有多大的交集与重叠，只要性情对了，有时候，彼此不一样，那才更好呢！

# 10. 读经有什么作用？

王　肖：我之前看过一位年轻妈妈写的一篇言辞激烈的文章，
　　　　文章转载率当时还挺高的——《请让我的孩子远离〈弟
　　　　子规〉和〈二十四孝〉》。文章说，她不想让她的孩
　　　　子受封建礼教等级色彩的毒害，按照她多年的生活经
　　　　验，只要信奉自由、平等、博爱这些价值观就够了。
　　　　她不希望她的孩子仍背负她父母一辈，包括她自身在
　　　　内过多的礼教与等级的束缚。其实，有时我也会惶
　　　　惑，这些价值观，到底是什么时候植入国人大脑的？

薛仁明：这文章看似言辞激烈，有人也觉得尖锐，但依我看来，
　　　　那仍旧是"五四"运动以来最典型的说法。凭良心讲，
　　　　挺稀松平常的，不客气地说，还挺陈腔滥调的。这种
　　　　用西方"自由、平等、博爱"打倒中国传统礼教的说
　　　　法，毕竟已经谈了近百年，现在听来，即使再怎么高
　　　　分贝，依旧是非常老掉牙了。

　　　　一个东西谈了近百年，直至如今，忽然又"尖锐"起
　　　　来，这事本身就很有意思。按理说，自"五四"运动

以来，经过几代读书人的不断"启蒙"、不断"改造"之后，"自由、平等、博爱"这些价值观念早该植入所有人的大脑，传统那些礼教也早该万劫不复才对。可是怎么到了今天，忽然又有人提倡《弟子规》，又有人大谈《二十四孝》了呢？我想，在她的心里，肯定会有种愤怒，有种焦虑，也会有种惶恐，几代人"努力"下来，怎么中国又"倒退"回去了呢？那些"封建""落伍"的糟粕，怎么又大行其道了呢？我猜想，她心里肯定是很难受的。

我可以体会她的难受，不过，她也有她的迷思以及她的困境。现在开始有一股"历史的气运"，正把大陆带进一个全新的转折点。这样的转折使大家对于西方，从"仰视"慢慢变成了"平视"，这样的转折也使大家对于传统，从"蔑视"慢慢变成了"重视"，也从"痛恨苛责"慢慢变成了有种"温情厚意"。在这种"温情厚意"之下，许多没有"五四包袱"的人，读读《弟子规》、翻翻《二十四孝》，突然发现，里头可能会有些问题，但大致而言，还是挺打动人的。至少许多人读了，对于自己，对于家庭，的确是可以受用的。这些没有"五四包袱"的人，回头再看看保存较多礼教的乡下，再走走比较讲究礼数的台湾，有了一些亲身体会，也慢慢能感觉到，当年礼教过了头，固然会使礼教杀人，可今天诋毁礼教太过，才更是得不偿失呀！

当中国人能够心平气和地看待自己的传统，自然就有办法不过度美化、不过度憧憬那些西方所谓的价值观念。中国人会慢慢发现，如果信奉西方那套价值就可以活得很好的话，那么，现在的西方人为什么又活得那么惶惶不可终日呢？中国人也会慢慢了解，迷信这些价值观念，其实只是某个特殊时代的意识形态，坚守这些意识形态，固然有种读书人的天真，但同时也有知识分子的偏执。尤其近些年来，西方世界崩塌得如此迅速，中国接触西方又如此地频密，大家看多了，亲身体会深了，都有助于中国人对西方的"除魅"。中国人一旦对西方"除魅"，一旦对普世价值"除魅"，大概就可以开始找回真正的自己了。

当中国人要找回真正的自己时，我倒要回头说说，这位妈妈对西方价值观的推崇固然过头，但她对《弟子规》和《二十四孝》的强烈质疑却不能说完全没有道理。我是一个对中国传统充满温情敬意的人，但我对于《弟子规》和《二十四孝》却是有相当的保留。这样的读物，固然可以弥补我们现在的价值真空，也可以找到中国人的某些根本，但一不小心，就会把孩子给教迂了、教傻了，毕竟其中有些内容明显是过了头，也明显是宋代以后中国文化走向僵固的产物。

王　　肖：从成书年代来说，《二十四孝》是元代郭居敬所编录的。

薛仁明：我一直强调，宋代之前与宋代之后，中国文化的面貌是很不相同的。宋代以后，经济虽然繁荣了，文化也似乎多样了，但中国文化的整体精神却走向萎缩了，生命气象也变得闭锁了，因此，后来才会变成道德僵固、礼教杀人。从这个角度来看，这位妈妈的不满，也不是全然没有道理。但如果因为这样的不满，然后去想象一个天国般的西方"普世价值"，那就是禅宗所说的"扶得东来西又倒"，反而是越离越远了。这样的"扶得东来西又倒"，恰恰也是近百年来中国知识分子共同的精神困境。

我必须老实讲，今天你大可以按照"普世价值"去好好地教小孩，不必再理《弟子规》和《二十四孝》这些劳什子，等到二十年后，再来看看你的小孩是什么德行吧！另外有一批人，只知道照着《弟子规》和《二十四孝》来教，同样二十年后，也来看看这些小孩子是什么德行。反正，我们可以先做，是好是坏，到时候再说吧！百年来，我们太习惯理论先行，似乎一定得把某些概念给想清楚才行，结果我们想了这么多，并没有因此想得更清楚，更没有因此活得更好，反而活得更辛苦、更焦虑。

言归正传，真要我说，其实《弟子规》和《二十四孝》这样的读物，别视为珍宝，但也别看成毒草。这些东西需要被整理、耙梳，其中的精神大体是对的，但某些地方确实是说过头了。

王　肖：这些过了头的，要怎么办才好呢？

薛仁明：我赞成孩子读经，但我并不赞同孩子一开始就读《弟子规》。毕竟，《弟子规》是宋代以后的蒙学读物，里面有一些僵固的调调，比如"非圣书，屏勿视。蔽聪明，坏心志"，教小孩两眼紧盯圣贤书，除了圣贤书什么也不愿看、什么都不敢看，像是无菌室长大似的，将来还真不知会变成什么模样。小孩子一开始读经，其实压根儿就不需要读那些蒙学读物，真要读，直接读《论语》《道德经》《庄子》《孟子》及五经这样的经典即可。即使背背唐诗、背背《古诗源》，也比背《弟子规》合适。《古诗源》里面那些两汉魏晋诗歌，小孩读读，对性情会有帮助的。至于读《二十四孝》，让小孩懂得孝顺，当然很好，但如果变成了愚孝，那就麻烦了。

《弟子规》与《二十四孝》当然有问题，适当的进行批评也的确必要，但如果视之为洪水猛兽，激烈地大肆挞伐，那也就不必了。孔子说，"举直错诸枉，能使枉者直"，只要我们把更健康的中国文化谈出来、甚至给活出来，那就行了。当我们可以活出来时，连争论也都不必了。有真人，才有真学问。你如果是个真人，单单往那里一站，自然就有说服力。

对于那位妈妈的说法，我相信，许多谈中国文化的人，一定会用相当强的力道来反驳。可是，百年来无数的争论，力道都那么大，情绪都那么激烈，最后的结果又如何呢？显然，双方都没有活得更好，也都没有过得更动人呀！现在谈中国文化的人，多半是正人君子，也多半是志士仁人，但我总觉得，他们都花太多时间去跟人家争论了！说到底，争不争都无所谓，重要的是，你得让别人在你身上感觉到说服力，你得先活出来，先让别人感受到你生命的动人之处，这才是关键。

王　肖：对于那种根本性的文化土壤，我个人是比较悲观的。因为土壤里的养分，既流失得多且快，又补给得少且慢，所以看到王财贵先生倡导的"读经运动"，我会觉得，或许在这特殊的历史时期，的确需要在形式上多一些强调、多一些刻意，您怎么看？

薛仁明：我和王财贵先生几度往来，对于他，我一向很敬重。他是个谦和君子，多年来，为文化重建所付出的心力、所获得的成效，在当下中国，能超过他的，恐怕不多。我当然赞成王财贵先生的"读经运动"，早先我写的那篇《只管读经——王财贵先生小记》，作为序文之一被收录在王财贵先生的《读经二十年》一书中。这些年来，我家里的三个小孩，也都每天读着经。

可尽管如此，对于王财贵先生的某些过于强调、过于刻意的做法，我还是有些不同意的。毕竟，文化重建之事，本该细水长流，半点都急不得。还是孔子说得好，"欲速则不达"，百年来，大家都太急切了。因此，我的确是不赞成太过强调、太多刻意的做法。尤其当下的中华文化，好比是大病初愈，最忌讳急下猛药。我觉得从容一点、踏实一点、视野再辽阔一点，应该可以把文化气脉调得更稳一些。慢慢温养，才是长久之道。

基于这样的态度，我总提醒读经界的朋友，千万别把读经的重要性过度放大，也别高估经典的有效性。经典当然重要，但经典后头的土壤才更紧要。换言之，经典其实是有限的，读经典，能接得上后头的土壤，那才有用，反观之，饱读经书的无用之人，难道还少吗？看看大陆现在某些读经儿童的种种模样，狂妄也好，孤僻也罢，其实都不是偶然的。

那么，什么又是"接上后头的土壤"呢？说白了，就是我们前面一再强调的"接地气"。今天提倡读经的诸君子，能深入民间、植根自然、接得上地气的，其实不多。人接得上地气、接得上经典后头的文化土壤，即使不读经典，一样可以活得很好。民间就有很多这样的人。反之，如果没有那土壤，即使再多背二三十万字，也是无用。今天比较理想的情况，当然是两者互补、相互搭配。很多东西，都是形势比人强，所谓土壤，就是那近于客观形势的东西。儒生有时迂腐，喜欢夸大读书的效果，也容易高估经典的能量。经典不是没能量，但是你不要去夸大它。如果你意识不到它的有限性，你就绝对没办法发挥它的有效性。

**王　肖：但实际情况是，有深厚文化自信又不夸大读经作用的老师，真的很难找。**

薛仁明：这得慢慢来。越着急，就越找不着这样的老师。我在长沙有个朋友，他和夫人平日鹣鲽情深，夫唱妇随。但自从小儿子到了上小学的年龄，为了要不要送私塾这事，二人一直在闹意见。他坚持要把小孩送到当地某个国学馆读经，他夫人则强烈反对。之所以反对，倒不是担心小孩离开了体制有什么不好，也不是反对小孩读经，其实他夫人一向是赞成孩子读经的。那么，问题又在哪呢？早先，为了是否读私塾这事，她专程去见了学堂的负责老师，也去看过学堂的环境。她说，问题就出在这两点上。第一，那个学堂其实就在公寓一层，小孩子整天在公寓里读呀读、背呀背，她觉得很不对劲，小孩子总该有地方跑跑跳跳呀！第二，那位学堂的负责老师，一望可知，是个极认真极严肃的人。可是，她感觉这位老师不快乐，没有生命力，没生命中应该有的宽松，也就是说，在他的身上少了一股中和之气。当时她就觉得，小孩每天跟他读经，读到后来，如果也变成了这样，她心里可真不愿意呀！

现在谈国学的人，一方面容易夸大经典，另一方面常常过度强调以儒家为中心。因为过度以儒家，尤其是以宋代以后的理学为中心，人就容易僵固，也容易封闭，最后就显得太过严肃、古板。你一靠近，就想离他远点，觉得不好亲近。因为夸大经典的有效性，总觉得"人生唯有读书好"，于是整天紧盯着经典，便成了他们的唯一要务。即使不接地气，不接触民间、不亲近自然，好像也都无关紧要。因此，他们才可能觉得在那么小的空间里也一样可以把小孩教好。

事实上，小孩生活在自然环境里，身体相对会比较健康，身体一旦健康，心里通常也比较明朗，身心一如嘛。在中国传统中，身心从来都是相互影响、不可切割的。因此，你要让孩子成圣成贤，就先得让他健康，要健康，就得让小孩有个自然环境活动活动。除此之外，更让他有地方可听、可闻、可看、可瞧。在这个过程中，让他产生跟天地万物感通的能力。这个感通的能力，才是圣贤学问的根本。

**王　肖：在大陆，多数中小学的自然环境不算太好。**

薛仁明：就一般的学校环境而言，台湾要比大陆好些，台湾的校园面积一般都比较大。我以前所待的中学，学生总数不过数百人，可校园占地面积高达十七万平方米。在台湾，即使很小的小学，也会有个二百米跑道的操场。校园里的树，一般都不算少。至于大陆，就我所看过的学校，空间相对较小，绿化也似乎不足。就这一点，你当然可以说大陆是因为人太多，但问题是，台湾的人口密度也不低呀！这一方面还是跟蒋介石和蒋经国重视教育有关；另一方面，跟日据时代日本人在台湾所建立的校园规模有些干系。即使你不喜欢日本，却仍然得承认，日本民族对于与自然联系的能力，一直都是比较强大的。去过日本的人，多会对他们自然环境中的水木清华印象深刻。更别说他们对于节气的感受，那种樱花盛开、枫叶转红之时举国的关注，以及那种近于虔敬的诗情，让我们不得不佩服。

王　肖：侯孝贤导演有一部电影叫《冬冬的假期》，改编自作家朱天文的小说《安安的假期》，讲的是一对台北兄妹去乡下外公家过暑假的经历和见闻。我特别喜欢这部电影。因为在城市长大的孩子每次回乡村时，都有对内心世界的触动及净化。电影快结尾时，外公让冬冬背诵"遥知兄弟登高处，遍插茱萸少一人"，冬冬背得磕磕绊绊，算是勉强过了关，外公便放他出去玩了。电影最后的画面是，外公带着小孩出门散步，对着山野眺望，远处炊烟袅袅。你会觉得，读多少书，都不抵这样的一幕。

薛仁明：为什么"读多少书，都不抵这样的一幕"呢？很简单，不管读多少书，都是间接经验，都是二手的东西。但祖孙二人眺望着山野，远处炊烟袅袅，这是直接经验，完全是一手的。这样的直接经验陪着你，甚至数十年后某个刹那，你忽然想起，还是会为之怅然的。

后代的读书人，这样的直接经验少了，身上一手的东西也不多了。那直接经验怎么来？很简单，你去看，去听，去感通天、地、人的所有一切，这都是第一手的。读书太多的人，一旦间接经验丰富了，常常会夸大间接经验的重要性。他们总会忘掉：没有直接经验，哪来间接经验？

读书人不重视一手的直感经验，再加上今天西式教育独尊知识，尤其是信息社会二手资料铺天盖地，恶性膨胀，我们的孩子已慢慢地失去与身旁世界相互感通的能力，这才是这个时代最大的危机。真要谈中国文化的重建，还得先恢复孩子的感通能力。

真要恢复，就要从天、地开始，再到人。先让孩子亲近自然，让他的心里与自然环境有接触、可感通，让他看着山、望着云，发个呆。他可以一片叶子玩半天，也可以看只虫看半晌，时日一久，他对天地万物就会有感觉、有好意。这是培养孩子对天地万物感通能力的起点，也是现今世界最重要的希望所在。如若不然，像那些整天待在办公间与实验室，从不见天日，也不看山、不看水却高喊要改变世界的人，只会毁灭这个世界。

其次，就是人这层。让小孩在人际关系比较丰富一点的家庭环境里长大，还是会好些。一家三口，太单薄了，可以多找些人往来！小孩首先要感通的就是父母，小孩从小要学会察言观色，要能感知父母的心意，这是要从小锻炼的。现代父母那种凡事迁就小孩的做法，只会把孩子的感通能力给扼杀掉。除了父母，还有兄弟姐妹的往来，这些都与知识无关，更别去扯什么权利义务，凭借的就是相互的感通与体谅。有此感通、有此体谅，再扩展到身旁所有的人、事、物，慢慢的，他对这个世界就会有种欢喜、有种了然。这样的欢喜与了然，如果用佛家的话来说，叫作观照。两千多年前，古人对他们周遭的生活、对历史文化、对天地自然都有种欢喜，有种了然。有了这种整体观照，最后提炼出来的就是经典。

# 11. 如何正确地读经典？

王　肖：上中学时，我的语文老师是一名诗人，他说过，优秀的作品每个人都能读出属于自己的共鸣之处，经典是不怕被人千百遍解读的。但到了今天，我们好像会有焦虑：既向往权威的解读，又消解着各路专家的解读。在经典面前，我们一方面显得手足无措，另一方面似乎又把自己的手脚给捆住了。

薛仁明：别把问题想得这么复杂。当初我写《孔子随喜》，许多人读后，因此喜欢上孔子，也很想再去读读《论语》。这样的反应，我觉得就很好。我不认为我的解读一定有多好，但如果有人因此喜欢读《论语》，愿意亲近《论语》，进而从中受益，足矣！经典本来就是让人亲近的，本来就是"不怕被人千百遍解读的"。你可以敬重它，但别过度仰视它，最好的方式就是平视。

由于过度仰视，才会有过度解读，也才会出现各种专家与权威。专家与权威不是不好，如果以平常心来看，他们总有可参考之处；但若太过重视，就难免会喧宾夺主、不分本末。我在台北书院讲《史记》时，开宗明义说，这门课不谈专家学问，谈的是生命之学，态度则是"不求甚解"，但凡字句不懂，除非很重要，否则跳过去就是了。不必为了某些字句的解释而纠缠不清、盘桓不前，经典既然丰富，我们自然能从中得到我们所需要的。相较于许多博学鸿儒，我读书有个好处，我不贪心；还有个更大的好处，我不纠结。相较于他们，我知道我要的是什么。因此，我喜欢《庄子》中的一句话："鹪鹩巢于深林，不过一枝；偃鼠饮河，不过满腹。"对于经典，我是"弱水三千只取一瓢饮"。

所谓平视，是你必须跟经典立于同一个高度，站在同一个立足点。当年写出这些经典的人，经验直接源于生活，立足于自然，再接续整个历史传统，整天绝不是只低着头读经典，然后再写出另一部经典。所有的经典，都是以直接经验为主、间接经验为辅。换句话说，直接经验是本，间接经验是末，本末要分明，不能倒置错乱。因此古人所做的学问，多是第一手的学问，但越到后代，越把经典过度神圣化，整天就在枝微末节上打转、"死于句下"，再也没有能力去做经典之中所蕴含的第一手的学问，做的只能是第二手、第三手，甚至已经不知道第几手的学问。这样的学问，只会越做越没有生命力。清代乾嘉时期以后考据学大盛，读书人成日就在字句上打转，大谈那些没生命力的学问，难怪当时的中国会衰败。

真要读经典，一方面要对经典的作者有敬意，另一方面也要把这些作者当成平辈人。我读《论语》、读《史记》，就常觉得和孔子、司马迁都是同时代人，同其呼吸、同其俯仰，同忧患、同欢喜。我们后人读经典，如果懂得一方面要敬重圣贤，另一方面也得和圣贤平起平坐，与他们一块做第一手的学问，才能真正受益，才不会被那些专家与权威搅得手足无措、整天纠结，更不会把心量越读越窄。

# 12.乡村生活经历有什么作用?

**王　肖:** 具体说一说乡村吧。很多人对您在台湾池上乡的生活很是羡慕,那里的大米都开始逐步进军大陆市场了。您当时选择落户池上乡是出于怎样的考虑?

**薛仁明:** 当初会选择到池上乡,是因为那里自然环境好。池上乡在花东纵谷,往北一百多公里可到花莲,往南五十公里是台东,东边有海拔一千多米的海岸山脉,西边是三千多米高的中央山脉,从海岸山脉的山脚边,骑单车到中央山脉的山脚下,不过就半个多小时。简言之,池上乡两边是山,中间是一条宽约几公里的平原。二十几年前,我当兵放了两次长假,就想找个有蓝天白云的地方。来到花东,或搭火车,或坐汽车,一站一站下,一站一站看,从花东海岸看到花东纵谷。初次来到池上乡,看到两侧青山,眼前一大片稻田,顿时眼亮气清、身心放松,生命忽然就安稳了下来。恰好也是因缘俱足,一年后,我就来这边教书了。

当初对自然环境的渴望那么强烈和迫切,一来是它本来就重要，二来也因我年轻时极度的不安，为此我还休学了半年。我从高中二年级起，最大的心愿就是隐居。我到池上乡，算是把这个心愿给实现了。可凭良心讲，实现之后，还会有各式各样的问题，不会因为真的隐居了，生命的问题就解决了。正因如此，我才清楚，历史上许多的隐者，即使是"汉初三杰"之一张良，功成身退之后，肯定也会遇到问题。人在任何一种状态下，总会有别人无法体会、也未必可以为外人道的困难，能了解这一点，我们对于每个人的难为之处，自然会有体谅之心。这其实也是我比较不赞成公共知识分子的地方。虽然我佩服他们的真心与热忱，但我总觉得，他们对于许多事情的批评，都有太多的想当然，少了些体谅之心。少了体谅，就少了厚度，就会小看问题的复杂度，也会轻易把事情给简单化。最后的结果，要么是书生意气，要么是书生之见，真能成事者，几希矣！处理事情不宜二元对立。

**王　肖：其实我问的，也多是二元对立的问题，但薛老师给出的回答总是在模糊地带。这样的回答，意味着你需要用一个自己的、别人未必能理解的生命态度去应对。**

薛仁明：大家不是都说不要"标准答案"吗？可是，我们受标准化的制约太深，也受西方追求"终极真理"的影响太深，许多人还是渴求一种是非分明、最好是一劳永逸的"标准答案"。就好像公共知识分子每回想着要解决中国的问题，唯一的标准答案就是建立"民主法治"。可是，这世界本来就不是那么标准化，也不是那么是非分明，即使你得到了一个"标准答案"，心里一时好受些，可时间一长，你会发现问题根本没解决。搅了半天，好像打了几回麻醉药，清醒后，什么都没改变，完全是原地踏步。就像台湾二十几年前的"民主斗士"，一个个把民主讲得天花乱坠，可真的等到民主化之后，台湾不仅原地踏步，甚至逐年退步。这又该从何说起？

中国人讲阴阳，但阴阳不是二元对立，而是彼此对应、相互转化，一直有着新的平衡。生命本来就一直在转化，我们必须体会到那样的变化，也必须找到自己的对应之道。中医看病，同一个病症，不同人给开不同的药，为什么？体质不同嘛！甚至同一个人，今天给开的药，和上周开的又不相同，为什么？体质变化了嘛！孔子的弟子子路和冉求同样问"闻斯行诸？"（听到一件合于义理的事，就该马上去做吗？），孔子给冉求的答案说，听到了应该立刻去做。而对子路，孔子却回答说，不行，你父兄都在，没问问他们的意见，怎么可以"闻斯行诸"了呢？同样的问题，两个答案恰恰相反。这是因为，冉求和子路的性格太不一样了，怎么可以给同一个答案呢？

正因为有各式各样的问题，我们所提出的东西必定要有对应性，但肯定有局限性，别人可以参考，但说成"放诸四海而皆准"就不妥了。我之所以不赞成公共知识分子，就是因为他们太喜欢强调那种"放诸四海而皆准"的所谓"普世价值"了。某些价值，当然有其普遍性，但一来他们强调太甚，二来他们太过夸大。我不喜欢公共知识分子那种知识的傲慢，开口闭口就是"启蒙"，好像别人都无知似的。尤其是他们成日"捍卫"价值，动辄以真理自居，好像不符合他们的标准的就是胡说，就是悖离真理。这样的姿态，从来都不能解决问题，反倒是产生问题的真正根源。

王　肖：以前看到很多网络上的文字，无论遇到什么，就一味地责问政府、体制，现在我会觉得，很多问题似乎不是这么简单的。

薛仁明：对。如果意识到没那么简单时，我们就照察到前面所说的局限性了。政治之事，当然会有人质疑你是否抱持着特定立场，怎么说都不是。我宁可把问题带回更日常的场景，比如，夫妻吵架后，你总会看到类似性格的人，他可以雄辩滔滔，可以义正词严，可以毫不留情地数落他的另一半。听他一讲，他可真是受尽委屈，另一半则是罪孽深重。可在旁人听来，肯定会觉得事情没那么简单，要么就是你少了些体谅之心，要么就是你没能力照察到自己的有限性。总之，大家不太可能接受那种一味指责的姿态。

我在《孔子随喜》里特别强调，当我们意识到自己的有限性时，我们才有办法发挥一己的有效性。今天把自己想成真理化身，认为自己是无限时，自己不仅变为一个无效之人，更可能带来灾难。

"五十而知天命"，人到了大约五十岁时，会慢慢承认，有些事情确实像座大山横在面前，过不去就是过不去，做不到就是做不到，不管再怎么努力，终究是徒劳。当你越来越意识到这一点时，你并不是要越来越无所作为，而是要更加不做不该做的事。你会清楚，不多不少，你只能做那么一点，你不能妄自尊大，也不可妄自菲薄。换言之，你会发现，横在面前的这座大山，尽管山重水复，可是恰好有那么一条羊肠小道，你可以走，可以走得不错，还可以走出一路风景。这样的风景，就叫"五十而知天命"。孔子发现，到了五十岁，很多事情是没辙的，我们就做我们该做的那一点点就够了，那就是你的天命。前面五十年的阅历和得失，都恰恰让自己逐渐清楚、慢慢明白，于是才走出这一路的风景。因此，即使前面几十年困顿彷徨，也都有价值。正如我当兵时，固然很苦，也的确折磨人，可是，只要能心平气和地看待，就能从中受益，这就是大学问。再说，人生若无磨难，何来智慧？毕竟，烦恼即菩提嘛！

**王　肖：现在看来，童年在乡村生活的经历，可能是我这辈子最美好的回忆。**

薛仁明：在我看来，那不仅是美好的回忆，更是雄厚的资产。

这些年来，每逢春节，我们全家都会去台湾佛光大学艺术研究所所长林谷芳老师家拜年。拜年时，林老师会给三个小孩发红包，发完后，小孩就到林老师的院子里去玩。林老师的小院子很漂亮，有梅树、有松树、有樱花，自己还做了一个鱼池。小孩在院子里玩，林老师会在客厅跟我谈谈话。连续几年，这样的谈话，几乎是我们师生一年之中最重要的一次谈话。林老师忙，平时空闲不多，每年过年，他总会在这一天，问问我未来的大方向。林老师跟我谈话时，通常我内人就安静地陪在旁边，只要在林老师面前，她一向是不太说话的。准确地说，是说不出话来，因为她很怕林老师。有一回很特殊，她突然对着林老师问，您看薛仁明这些年来有怎样的变化？林老师的回答很有意思，他说，十几年前头一次看到我时，第一个感觉是，这个人救不了，包袱太过沉重了。现在看来，那时我还非常的"儒家"。如果眼下你能见到比较激烈的"儒家"，十几年前的我，可能与之相仿。如果是二十几年前，我肯定还更激烈些。我常说，二十几年前，我是个愤青。我的愤青面貌不完全是公共知识分子式的，更多是宋明理学的调调。十几年前，林老师初次看到我时，虽然没有二十几年前那么严重，但的确还挺麻烦的，所以他才感觉我这人救不了了。随后，林老师话锋一转说，真要救，也不是不能救，但你就得把他背起来，可我又不是那种有教学热忱的人呀！

林老师自道没有什么教学热忱，此言不假。这甚至也影响我现在面对学生时，不轻易把学生背起来，学生有学生自己的造化，我不随便过界。

王　　肖：林老师真是高人，就这样看着您背着沉重的包袱，然后再静静等待您把包袱卸下来那一天。

薛仁明：是呀！自己绑，就得自己松。很多东西，老师在节骨眼上，碰一下、点几句，就够了。能不能受用，能不能领略，还是得看因缘。有时只能"静静等待"，等到有新的机缘出现再说。师生之间，其实只能这样，再多做，再多说，多少会逾越本分。我们当老师的有当老师的贪念，忍不住就想多做一点，忍不住就想多说几句。你当然可以借口"爱心"，可说到底，多半仍是自己的贪念与执着。

那时，林老师说，我怎么可能把他背起来呢？后来他之所以能够走出来，而且后面几年越走越好，原因固然很多，其中一个关键就是他乡下生活的背景。

他的话，说到此处没有细讲。在我想来，这样的乡村生活背景，起初也未觉得有多重要，更不觉得有多强大。等生命遇到困顿，走得跌跌撞撞时，乡村生活形成的生命经验，才会成为一种很重要的资产，才会不自觉地发挥作用。这资产，说白了，就是一份底气，一份源于我们自家文化、扎根于民间所产生的底气。这样的底气，让你不容易气馁，不容易灰心丧志。即使消沉一阵子，也不会消沉到底，会有种力道让你翻转。这大概就是《易经》所说的"一阳来复"吧。后来，我越是深入传统文化，就越觉得乡村生活背景让人元气充沛。更幸运的是，越到后来，我念的书、做的事，以及所有的想法，都和我的乡村生活背景相互印证。换言之，我的所学所思，和我的实际生命，不仅一体，还可以相互加乘。现在许多知识分子的痛苦，正在于他们的概念世界与实际生命状态不仅无法一体，恰恰还是撕裂拉扯的。

王　肖：我当老师时，教的第一届学生里，有几个来自农村的，迄今我都很喜欢他们。他们那几个村子和小镇历来就以文风鼎盛而著称。当时有个班长，我的印象，字写得很漂亮，人很儒雅，又有股凛然正气。这么一个的学生，站你面前，你真觉得他端正、文气、谦和。成绩不仅好，而且尊重老师，跟同学交往也是有礼有节，全班同学都听他的。跟他来自同一个村子的学生，也有类似的气质。很奇怪，我教书的那几年，包括来自城里的孩子，整体素养比他好的都没有。

薛仁明：这样的村子和小镇，就是中华文化的文脉所在。当代艺术家陈丹青一直说，中国的文脉已断。有些激烈的儒者甚至说，崖山海战之后，中华文明自此而绝。我觉得，他们的话都说得太过了。你看看这样的村子和小镇，所谓中国的文脉，清清楚楚，结结实实，就在那儿。中国文化何曾断了？又哪里断了？

你教书时，距今也不过十来年。在十几年前，整个中华大地，不论是江南，抑或闽粤、湖湘、巴蜀，或是其他某个地方，有多少这样的村子和小镇，就会有多少品行端正的子弟。这些子弟，自古至今，就从这样的小地方一代代走出来。一方面担当了天下大任，另一方面则继承了文化的命脉。这样的小地方，一来接天地之气，二来继承历史传统，它们虽小犹大，时不时就可能出个响亮的人物。

正如之前所说，今天我们谈这样的村子和小镇，不在于惋惜，也不在于怀旧，而在于它牵涉着整个中华文化的绝续存亡。现在要谈中华文化的复兴，就非得让这样的村子和小镇恢复原有的生命力不可！

# 13.学传统文化就不会玩了吗？

王　肖：说起"玩"这个字眼，有人可能有偏见：受传统文化影响特别深的孩子，他不怎么会玩。这种孩子，很容易给人呆板、拘谨甚至不会变通的印象。如此印象，带给现在的年轻父母一种忧虑，是不是该让孩子少接触一点传统文化？是不是该让孩子玩一些哪怕看起来比较浅显的游戏？如此一来，或许会让他们接上地气、性格开放一些。这样的想法，是不是从"五四运动"以来就有了？

薛仁明：对于传统文化，他们有这样的印象，也对，也不对。

我那本谈《史记》中人物的《其人如天：史记中的汉人》早先在台湾出版后，许多读者的反馈是：好好玩！以前我教书时，跟学生介绍禅宗，提过几则公案，他们的反应是：真好玩！包括小儿子薛朴和姐姐一道看京戏，有几出剧目，他们边看边大笑，直说：太好玩了！

我的意思是，不管是《史记》里所记载的刘邦那样一群打天下的人物，禅宗公案的大修行者，抑或传统戏曲中民间广阔的世界，中国传统文化一向是好玩的。相较于世界几大文明，像中国文明这么好玩、玩的花样又如此之多的，恐怕并不好找。你单单看北京人遇到天大的事都有办法弄出一些好玩的段子来，就知道中国人"玩"的传统，可真厉害！

既然传统文化如此好玩，为何"五四运动"以来又普遍有你刚刚所描述的印象呢？其实，中国"玩"的传统从古至今一直都在，只是后来在某些人身上消失了。准确地说，是宋代以后受宋明理学影响的部分读书人。换句话说，认为传统文化不好玩的，其实只是特定时空下的一部分人。不幸的是，明、清以来，这些读书人恰恰掌握了中国文化的论述权与话语权。正因如此，我们后人就不免会以偏概全，一口咬定：中国文化不好玩。

这样的印象，虽说以偏概全，却是不无道理。正因如此，当初我写《孔子随喜》，开宗明义说，中国文化被骂得这么惨，其中孔子是个关键人物，解铃还须系铃人，就试着把孔子给厘清楚吧！第一个要厘清的，就是孔子为首的儒家，在宋代算是一个很大的转折点。自宋明理学之后，孔子的形象才被改造成我们今天的印象。经过这样的改造，原来孔子脸上的笑容慢慢不见了，原来孔门的那股和悦之气，也逐渐消失了。取而代之的，是后来理学家的形象，日益拘谨、刻板、规行矩步、不苟言笑，永远都摆着一张老夫子的脸。这就成了后来许多人对于国学、对于传统文化的印象。

**王　肖：**包括鲁迅的《从百草园到三味书屋》。

**薛仁明：**对。你不能说这样的印象完全是污蔑，完全是刻板，毕竟，这印象确有所本。相较于许多护卫传统文化的人，我并不是那么讨厌"五四运动"，在我看来，"五四运动"虽有问题，但一定有其道理。这么大的一场运动，感染了那么多年轻人，难道这群人全部是傻子吗？我固然觉得传统文化很好，但我也不得不承认，当时的批评虽然过火，常常一棒打死所有人，但的确是感受到了传统文化的某些弊病，再加上内心急切，所以才会如此挞伐的。今天我们该把这些都弄清楚，那些批评好在哪里？错在哪里？然后再往上追溯，整个中国文化好在哪里？不好在哪里？

今天大家对于中国文化的印象，一直停留在宋儒影响之后中国文化的某个面向。用这个面向来概括整个中国文化，毕竟是偏狭的，用这个面向来论断中国文化，也有点不着边际。所谓的中国文化，除了读书人之外，一直有个深阔强大的民间，读书人不会"玩"，民间可太会"玩"了。即使读书人，除了儒家，还有佛道以及其他各家，他们的影响力，恐怕也都被低估了。即使儒家，宋代之前和宋代之后也大相径庭。就算是宋代以后的儒家，除了理学家之外，还有各种不同的群体。他们很有想法，不满意理学把中国文化给拘泥闭锁了，比如清末的王闿运，就是个极有气象的大儒。

王　肖：**也就是说，今天我们大谈传统文化优劣时，关于"传统"本身的定位，首先就要厘清。**

薛仁明：是的。这就好比台湾的朋友常用单一字眼来概括现今的大陆一样，老说大陆人"都"怎样怎样。这时，我就要提醒他们，大陆这么大，人又这么多，你真确定你所说的"都"，真的是"都"吗？那真是大陆的完整全貌吗？

我常笑说，对于大陆，我唯一能确定的就是，大陆什么样的人都有，什么样的可能也都存在。同样，我看中国的传统文化，也非常能确定，传统的样貌实在比我们想象的多太多。中国文化本来就丰富多元，而且相当活泼好玩。谈中国文化，不能过度独尊儒家，尤其不能以宋明理学为一尊。宋明理学当然有其可敬之处，但毕竟太窄隘了。完整的中国文化，一方面涵盖了儒、释、道三家，另一方面含有更广大的民间。一旦儒释道结合了民间，就等于接上了地气，从此，儒释道有民间的源头活水，民间也有儒释道的知性与自觉，彼此就能相互交融、相互渗透，这就是《易经·泰卦》中所说的"天地交泰","天地交而万物通也"。只要能"天地交泰",就可以上下互动、彼此交流，整个文化一下子就鲜活起来了。如果你看到的是这样的中国文化，那么，你又怎么会担忧小孩接触传统文化呢？你又何必降格以求，让他去玩一些浅显的游戏呢？同样是"玩"，也可以"玩"得很有格调。"玩"传统文化，还可以"玩"得很有深度、很有素养呢！

**王　肖：其实最好的例子，就是用你们家的三个小朋友现身说法。**

薛仁明：是啊，他们不见得有多好，不见得有多优秀，但他们的确"玩"得很开心呀！

我特别喜欢他们"玩"京剧。一方面，当然是因戏曲本身就极其丰富，我甚至愿意说，戏曲是中华文化的宝库、无尽藏。另一方面，在所有的戏曲里，京剧既具一般戏曲的民间性，又有昆曲的文人气，同时能兼得活泼生气与优雅细致，这就是一种"天地交泰"。这样的"天地交泰"，特别有生命力，也特别"好玩"。

今天谈传统的人，最需要恢复中国文化中的种种"好玩"。毕竟，今天最大声疾呼、最有热情的传统护卫者，常常也是许多家长最疑虑的那种拘泥形象。之前提到，我那位朋友的夫人正因为看到私塾老师的脸太板，才放弃私塾的。她这样的疑虑其实是对的。中国的学问终究是生命之学，老师除了是经师，更应该是人师。老师的脸，老师的生命状态，都会直接影响小孩。谈传统的老师如果都这么板，中国文化又何来的说服力？

王　肖：**讲到经师和人师的区别，程颐在教皇帝读书时，指着旁听的太监和宫女说，这些都是小人。后来，这些宫女就不来听了。任何时代，都是"经师易得，人师难求"。**

薛仁明：麻烦的是，他们从不承认自己是个"经师"，甚至他们比任何人都更自诩为"人师"。程颐那个"程门立雪"的故事，不仅被许多理学家奉为佳话，还被视为"人师"的典范呢。

所以，问题不在于你是不是个"人师"，而在于你到底是个怎么样的"人师"。

理学大盛之后，儒者更加坚定地认为，板着面孔正是师道尊严的象征。他们像孟子一样，动不动就要教训人。我常说，《孟子》是本好书，孟子这个人有神采，有见识，他谈性善，更是非常了不起。可是，读《孟子》仍要有所拣择。孟子对是非过度严明，不经意就流露出来的傲慢，其实很有问题。理学家学孟子，有种高姿态，喜欢教训别人，以为这样才是师道尊严。但是，最好的老师并不是这样子的，真要讲，孔子才是一位更好的老师。孔子除了偶尔生气，很少会板着面孔。平时与人相处，总是一派和悦，和学生谈话，令人感觉如沐春风。只有如沐春风，才能够化育万物，只有一派和悦，也才能与人无隔。凭良心讲，一个人整天板着脸，大家要么就心起反感，要么就敬而远之，他所谈的圣人之道只会越来越没人理会。

宋明理学衰微之后，读书人的面孔并没有因此变得宽松，恰恰相反，后来的知识分子一方面继承了理学家的过度严肃，另一方面又感染了西方读书人的抑郁纠结，反而变得更不快乐、更少和悦，也更不"好玩"。

王　肖：由面相我们难免会联想到现实生活，像您家里的孩子，会在洗碗的时候听杨宝森、听程砚秋，这是"玩"的一种状态。现在的问题是，很多人让孩子去学钢琴，学各种才艺技能，学了就学了，但没有"玩"起来。

薛仁明：对。且不说钢琴，即使让小孩去学古琴，很多人也会弄得像严格训练似的。这样的学习，正如你所说，学了就学了，没有"玩"起来。问题在哪呢？在于过度聚焦、目的性太强。中国的父母，目的性过强，安排之心太多，才弄得大人小孩那么焦虑。小孩该认真时，固然得认真；但该放松时，更需要放松。年轻时，会觉得认真重要，等过了某个年纪，有了生命阅历，遇到了不少人生状况，你就会发现，能放松才是更大的本领。父母的目的性太强、期望值过高，让小孩学任何东西，都需要经过缜密的规划与设计。小孩背负这么大的压力，他当然会全身紧绷，当然就"玩"不起来，也根本放松不了。小孩的某些学习，需要练基本功时当然得有压力，否则就不可能学好。可是，除了练这些基本功之外，孩子的生命中一定要有些东西是让他"玩"、让他涵泳、让他觉得有趣、让他无所为而为的。如此一来，他的人生才不会被塞满，遇到困顿挫折时才懂得放下，生命的转圜能力才能够起作用。毕竟，人生有实有虚，实固然重要，虚更是要紧。中国文明一向擅长"虚"，古琴就是个"虚"的典型乐器。可偏偏有人学琴，还学到严严实实、密不通风，一点从容自在都没有，真是让人不知从何说起。

尤其某些品学兼优的孩子，从小生活就被缜密安排，被教得凡事认真、很会规划、很会设计，然后一路顺遂，人人称许。但这样的孩子，倘使遇到困顿挫折，就显得异常脆弱。上回我去台大讲座，就特别提到，台湾大学与建国中学连续几年都有学生自杀。自杀的原因固然很多，但其中之一，是这些所谓优秀的小孩的转圜能力都特别差。他们凡事仔细、凡事较真，即使跌倒了，他们也会很"认真"地站起来。

王　肖：据说，某些抑郁症患者自杀原因特别简单，比如评不上职称，论文完成不了压力大等。他们的生命，好像都没有一个"游"字。《论语》里讲的"游于艺"，其实是很高级的状态。

**薛仁明：**"游于艺"里这个"游"字，是什么意思？说白了，不就是"玩"嘛！

说实话，一个人学钢琴，如果"玩"不起来，其实是对的。毕竟西方人不讲"游于艺"，他们说的是"艺术神圣"。既然"艺术神圣"，自然就要"献身于艺术"，既然要"献身"，又怎么"游"得起来？你看西方但凡够档次的钢琴家，哪一个不是自幼就每天苦练十几个小时？他能不极度认真吗？你要他又如何"游"得起来呢？

换句话说，中国百年来虚心、认真、无条件地向西方学习的后遗症之一，就是中国人开始"游"不起来，也开始"玩"不起来了。我看到许多读书人为了一点小事（当然，他们通常会解释成"大是大非"）而大肆较真、紧咬不放时，我总会感慨，难怪那么多人会得抑郁症！

打从孔子开始，中国传统就讲究这个"游"字。"游"是凡事不即不离、不沾不滞，只有这样，生命才能呼吸吞吐、开阖转圜。"游"是要你从容涵泳，"浴乎沂，风乎舞雩，咏而归"，无所为而为，没任何目的。《庄子》说得更清楚，"无用之用，大用矣"。这样的无目的，这样的无用之用，总会让人在回身转圜之际，有些余裕，也让人在呼吸吞吐之间，有些自在。在今天这样的时代，中国传统文化之所以特别有吸引力、有说服力，也正因为大家的余裕实在不够，大家的自在也确实太少。

王　肖：长久以来，大陆都是西方与苏联的那套教育模式，无论老师或家长，都没法去体会中国式的教育理念。一来它隔得久远，二来没有实际经验。像《论语》这样的经典，虽不直接教方法，但值得反复涵泳琢磨，它远远高于心灵鸡汤的价值，需要时间来沉淀。

薛仁明：说到底，就是"时间"二字。文化也好，教育也罢，都需要时间，都急不得。

中国的经典，都不直接教方法，但一定都值得反复涵泳琢磨。有"方法"的，多是小用，能反复涵泳琢磨的，就可能有大用。"方法"有一时之效，虽立即可用，却有时而穷。反复涵泳琢磨看似缓慢，却长长久久，后劲无穷。中国人面对生命之所以能从容自在，正因为明白"欲速则不达"，也正因如此反复涵泳、反复琢磨，所以中国才是个长寿的民族。

另外，大陆习于西方与苏联的教育模式虽已多年，一时间老师与家长似乎也无法体会中国式教育的理念，但这些年来，我清楚地感觉到，中国人对自身文化基因的召唤已经由隐而显、越来越明晰了。这股召唤的力量不宜小觑，也不容低估。关于这点，我自己感受得特别强烈。我台湾的朋友常会诧异，一来我无甚人脉，二来也没什么经营，自第一本书《孔子随喜》

2011年出版，至今也不过数年，怎么在大陆就有这么多回响了呢？我笑着说，这几乎无法解释。唯一的解释可能就是，我谈的中国文化恰恰在这个时机点上，碰到了大家内心深处久经迷惘、想说却说不清的那个关键之处吧！要知道，一个人如果被触及关键之处，他心里会有多么震动，又会有多么欣喜，一旦这震动与欣喜慢慢汇集，聚为能量，中国的教育自然就要翻转了。

# 14.被忽略的戏曲有何重要之处?

王　肖：我们再聊聊戏曲。我知道您自己是昆迷、京剧资深粉，还影响了三个孩子，他们个个都有自己的京剧偶像。但普通家长会认为，尽管戏曲语言凝练优美，音乐丰富多元，乃至于视觉审美，都代表了中国文化的某种高度，然而，戏曲的艺术审美代表着一种过去式，节奏太慢又比较陈旧，已经和时代脱节。如果不是父母特别欣赏，或者自身出生于戏曲家庭的，能识得这个伟大艺术宝库的人还是不多。

薛仁明：所以大陆这边的教育部把京剧变成了必修课……

王　肖：中华书局编过一些京剧教材，也配合官方强力推行过。

薛仁明：刚开始时，的确需要这样的力道。毕竟，民间的土壤已趋枯竭，只好由官方带头，重新培土，把民间隐而未显、仍充满各种可能的力量给引发出来。老实说，当年正因官方不重视，刨掉了民间的某些土壤，才导致京剧的衰落。而今真要重建，也仍然要由官方起这个头。

大陆和台湾很不一样。台湾的官方一向很弱，尤其近些年来，某些事即使马英九想做，也常常是难以施行。可因为有民间在，台湾的某些好光景还能延续一阵子。所以，在台湾，基本上只能冀望于民间，跟官方谈，效果有限。

我必须说，大陆的现行体制的确蕴含着某些可能性。其中包括政府可以透过体制来大力推广京剧。这样的推广成功或不成功，其实很难说，但是总比坐以待毙来得好。在中国历史上，朝廷一直担着"教化"的重责大任。现今京剧的推广，其实就是"教化"的一环。这件事，必须和整个传统文化复兴拉到相仿的层次。老实说，这牵涉中国文明的延续，也牵涉现今中国人如何活得有意思，如何活得有尊严，是一桩不折不扣的头等大事。

换句话说，京剧不仅仅是西方意义下的一门"艺术"，更是中国文明最核心的"礼乐"文明中的那个"乐"字。这个"乐"字，撑起了中国文明的半壁江山。京剧又不同于一般诗词，它雅俗共赏，可上可下，对于移风易俗、感通人心，特别有种"天地交泰"的力道。现在官方开始在学校开设京剧课，是件好事，有些父母不看，就先别管他，咱们不妨"开开风气"，就先看看、先谈谈吧！

**王　肖：**我曾采访前中国国家京剧院的院长吴江，他说他让女儿从小听马连良先生、程砚秋先生、梅兰芳先生的作品。他没怎么照看，也不怎么管，只要她一哭，就把梅兰芳的京剧一放，多半就不哭了。对于戏曲，女儿并不算太有感觉，直到上了大学，才开始感激父亲。虽然女儿后来从事的是电视导演工作，看似与京剧关系不大，但京剧的音乐与文学审美带来的熏陶，对于所从事的文化艺术工作还是有很大帮助的。

薛仁明：即使小孩一开始没那么喜欢京剧，都无所谓，只要他不排斥，你就给他放、给他听、让他接触；等将来时机成熟，力道就会出现。前几天我碰见一位家长，他的小孩是我十来年前的学生，现在都三十岁了，在"交通部民航局"从事雷达方面的工作，常常没事时，就哼当年我带他们看的京剧唱段。这样的唱段同你刚刚所说的，节奏听起来很慢，又比较陈旧，更和他两眼紧盯的雷达屏幕全不相干，可如今想来，他还是觉得，这真好听呀！

凡是中国的好东西，其实都不必担心与时代脱节，因为它老早就跨越了时代。现在那么多人读郭敬明，但等一百年后，还有几个人会读？郭敬明当然没和这时代脱节，但这也意味着，他大概会受这时代所限。可是，唐人读李白，今人读李白，将来之人也仍然会读李白，李白老早就跨越了时代。小孩在年幼时，我们多给他一些不受时代所限的作品，比如《论语》，比如李白，比如京剧的《群英会》《锁麟囊》，自幼至长，他们自然会反复咀嚼、不断玩味，到了某个年纪，就会突然感觉到满嘴芬芳、齿颊留香。一旦有此感觉，再回头一望，原来他的行囊满满、盘缠丰硕。相较起来，他的同侪满嘴流行事物，就显得有点寒碜了。

王　肖：我小时候，妈妈跟我说金华的婺剧很好听，当年，她差一点就成为婺剧演员，可惜我外婆不让去。这些年来，无论村子里演社戏，还是市里有人搭台来演，她都还会去看。那时，我一直不理解婺剧有什么好看的。等我长大了，有一天打开电脑一听，因为乡音融在里面，婺剧比越剧要野一点，但那种唱腔，我真觉得十分入耳，在那一刻，突然就理解了妈妈为什么那么喜欢它。

薛仁明：真是如此。这也是除了京剧、昆曲这样的古典剧种之外，各地地方戏的根本魅力所在。说白了，就是特别接地气。一方面，地方戏有所有戏曲所共同承继的中国“乐”的传统，只要一听，就等于接上了五千年文明的底气。另一方面，地方戏深深植根于土地，其中的乡土气息简直无可取代。小时候逢年过节，附近庙宇都会通过扩音器播放北管。台湾的北管，顾名思义，带着华北色彩，又有台湾特色，挺热闹、挺阳刚的。小时候听，哪会有感觉？直到多年以后，我出门在外，经过一座庙宇，远远听到了北管，刚听时，只觉得熟悉，再听，感觉浑身鸡皮疙瘩都起来了！

王　　肖：2012年，我去陕西华县和湖北云梦县，探访两个"皮影戏之乡"的皮影生存状况。说来挺悲情的，在陕西华县，制作皮影的工艺被传承下来了，售价不菲，但是没人演、没人唱。湖北云梦县有一个叫秦礼刚的六十岁老人，靠每天两元的茶水钱，被远近赶来的戏迷供养着，也不知还能演多久。昆曲的命运相对好很多，因为世界性非遗的价值在那儿，也因为昆曲本身的美和雅，再加上白先勇先生等人的推广。杞人忧天地说，中国戏曲正面临着新一轮的洗牌，连方言都需要守卫了，年轻人的口味会决定最终留下的少量的剧种。

薛仁明：方言的问题相对好办些。等到大陆的普通话普及一定程度之后，自然会有个拐点，会慢慢放松方言的"管制"，会慢慢回到中国历史上中央一元与地方多元同时并存的老传统。台湾这些年的发展大约如此。我们家的孩子，现在出门说普通话，回南部老家就说闽南话。平日在池上，和妈妈说普通话，和祖父母通电话则说闽南语，至于我，则是交杂着讲。

至于地方戏，问题之严重，形势之严峻，恐怕很难乐观看待。如果真的要面对这个问题，我倒有两个建议：其一，学校的京剧课程要调整成以京剧为主、当地地方戏为辅的架构。毕竟，京剧的复兴必须建立在各地地方戏蓬勃发展的基础上。没有地方戏的源头活水，京剧就等于接不上地气，终究要无以为继的。其二，逐步恢复各地的祭祀活动。不论是各家族的宗祠，或是奉祀历史人物、感激天地的各地庙宇，只要不浮滥、不夸大，政府都应乐见其成。祭祀与宗教不同，也不涉及有神论、无神论的问题。只要恢复祭祀，自然就会有请演地方戏的需求，有需求剧种就不会消失。所有的地方戏，原本就是因地方祭祀而兴起的。祭祀是礼，戏曲是乐，中国民间的教化，一向是透过祭祀与戏曲这两种相辅相成的形式完成的。今天祭祀不再，戏曲好比"皮之不存，毛将焉附"！台湾的歌仔戏与木偶戏，虽然历经社会型态转变、各种大众娱乐的冲击，至今却仍然维持一定的局面，比大陆大部分剧种更富生命力。个中关键，就在于台湾的祭祀传统始终没断。

王　肖：其实，讲京剧的陈凯歌的《霸王别姬》、讲布袋戏的侯孝贤的《戏梦人生》、以及讲粤剧的高志森的《南海十三郎》，都是非常出色的电影。戏曲和电影有着天然的亲密性和共同点，但能拍这类题材的人是不是越来越少了？

薛仁明：戏曲那种接地气的特质，经过电影的渲染转化，只要彼此联结得好，常常会特别地迷人。除了你刚刚所提的三个典型例子之外，比如张艺谋电影《活着》里头的皮影戏，也处理得很好。

不过，能处理这种题材的导演，确实是越来越少了。毕竟，年轻导演看戏曲的实在不多了。

戏曲相较于电影，除了叙述手法不同、擅长铺陈内心世界之外，更根柢的，还有着生命境界的差异。中国传统戏曲有个很大的特色，就是里头的情绪总有个中和之气。这股中和之气对人的影响，其实比你刚刚所提吴江院长女儿所说的"音乐与文学审美带来的熏陶"重要得多。在中国传统戏曲里，即使是坏人，也不会很坏，反而会坏得有一点好笑、有一点可爱，很不容易挑起仇恨与愤怒。这一方面是中国人温柔敦厚的诗教，另一方面也是中国人立足于天道的豁达。中国人相信，善有善报，恶有恶报，所有的恶与坏，都不会太长久的，实在犯不着有那么大的仇恨与那么多的愤怒。

这种"哀而不伤、乐而不淫"的戏曲美学，在侯孝贤的电影中清晰可见。

侯孝贤拍的电影，到了片尾，一切复归寂然。不论是怎样的人生际遇，不论是怎样的时代悲喜，终归要回到白云悠悠、天地清旷。《悲情城市》与《恋恋风尘》就特别的明显。看完之后，总觉得也无风雨也无晴，就像是回到了天地之始。除了侯孝贤，甚至还包括李安，他所有处理冲突的方式，也都有一种根柢的平和在。这样的平和，其实是和西方戏剧强调的冲突、张力很不搭的，反倒与戏曲的精神一致。戏曲那种强调中和之气又不失好玩的美学，绝对不会让你看戏看到慷慨激昂、愤恨不已，更不会有那么多的控诉。张艺谋早期的那些作品，其实都有点想控诉些什么的姿态。这种揭露、控诉的姿态，当然也表现在大陆的很多文学作品中。这样的作品，我觉得没啥意思。

王　肖：这一点您说得特别对，止步于揭露、控诉，扒开赤裸裸的真相，但触及不到人性中真正动人而柔软的那部分。

薛仁明：是的。他们这样的问题，其实是移植了西方文艺的基本态度。西方因为有基督教的原罪观，才使得他们所有的文学艺术像教堂里的告解一般，着重在赤裸裸地暴露罪恶，借此蒙受上帝垂怜，以获得救赎。但是，中国没有基督教的背景，也很难接受原罪观，却硬要移植这样的文艺态度，就显得牛头不对马嘴。

戏曲的生命观，则完全是另一种境界。除了取材历史演义之外，戏曲故事多半平常，目的性也不强，更没有想要反应什么残酷的事实。即使饱经兴亡，也依然有种心平气和、不落虚无的态度。禅宗常说，"平常心是道"，戏曲就有礼乐大道之下的平常之心，没什么揭露和控诉，只是平平实实地抒写生命中每一个可珍视的况味。戏曲的悠缓，反映的恰恰就是中国人从容的生命境界。

王　肖：我甚至在想，像李安拍《断背山》这种西部牛仔同性恋的题材，之所以打动人，并非以好莱坞讲感情的手法，而是因为那种非常内敛克制、内里沟壑万千、过后又云淡风轻的东方气质。

薛仁明：《庄子》讲庖丁解牛，"恢恢乎其于游刃必有余地"，我每回读了，都很心动。因为"游刃有余"，所以再怎样的惊涛骇浪，终究可以云淡风轻。中国学问的核心谈的就是这个，中国修行的境地修的也是这个。你生命有种观照在，自然就没那么多的是非纠结，也没那么多的道德挣扎。西方人处理这样的题材，一定要有巨大的撕裂拉扯，一定要有悲剧性的冲突。侯孝贤、李安不是那样子的人，他们的电影也不会拍成那个样子。

王　肖：很多大陆人对李安的东西有一个认识过程，一开始把他简单归为商业电影导演，因为他了解好莱坞商业电影逻辑，甚至因此觉得李安的电影不能真正代表中国。但这两年，大家对李安的认识，会看到他的价值不仅仅是电影工业的规则，而是他能够把电影这样的规则和他的文化理念很好地结合，这是几乎所有大陆导演都不具备的。相较于张艺谋、陈凯歌这些曾经叱咤风云的大陆大导演近些年拍的大片，李安几乎是每拍一部都是精品。有个叫芦苇的大陆金牌编剧就总结说，"大陆这些第五代导演之所以后继乏力，根本原因是他们的价值观是混乱的"，这个话听起来有点玄，但仔细一想，似乎也只能这样解释，您觉得呢？

薛仁明：我们暂时不谈得那么"玄"，就只看看李安的脸，大概就知道答案了。

李安永远带着几分腼腆，从不张扬，内敛，沉稳。李安的父亲当过台南一中十几年的校长，听说到了后几年，几乎是无为而治，就是在外头打打太极、校长室里写写书法。你在李安身上，看得到古人所说的"庭训"，也就是"家风"。他的"家风"，有儒家的，也有道家的，其中之一就是温柔敦厚吧！李安成长的年轻岁月，大概是台湾最好的时代，远离了战乱，进入了小康，社会风气颇淳朴，还多有朝气。那时台湾的读书人，对中国文化普遍有责任感、有担当。

张艺谋他们没有这种幸运。如果说李安的脸有种中国传统读书人的温润与宽厚，陈凯歌的脸就有更多中国现代知识分子的沉重与纠结。张艺谋、陈凯歌他们成长的年轻岁月，没有人会鼓励他们亲近中国文化与继承中国文化。他们继承的，是"五四"的批判传统，尤其后来左翼文艺的控诉。这样的批判与控诉，当然不纯然是无的放矢，但是，总有一些夸大，到了后来，甚至还有种虚矫地洒狗血。除此之外，张艺谋或多或少地受到西方影响，也想迎合西方人的口味。根柢说来，他们的传统底蕴不够，后来又成名太早，根本没时间补课，拍到后头，只能越发的无以为继。

# 第二篇

# 有真人，才有真学问

# 1.格物究竟为何物？

王　肖：前两天我看西方音乐史，到了十九世纪浪漫主义时期，德国、奥地利的作曲家才将作曲的灵感从神学、宗教转到自然、天地间，作曲家们开始更多关注人类的想象力和大自然的奇迹，音乐也才更多感性与色彩，于是旋律起来了，情感进入了。我不禁想到，这是中国文化在孔子时代就注意到的问题，所谓"感通"，即与天地万物、与自然的连接，虽然感通的点并不太一样。"感通"也影响了古往今来中国人的情感和思维模式，这个来自《易经》的词，可以解释得很玄很复杂，但最日常的，它已经渗透在中国人的文化基因里了。

薛仁明：西方的问题，关键不在于"感通"与否，而在于他们的文化里一向都有的彼世与此世、宗教与世俗的二元对立。从文艺复兴开始，他们慢慢"挣脱"中世纪的宗教氛围，尤其到了启蒙运动，"人文化""世俗化"开始成熟，才有你所说的音乐家将"作曲的灵感从神学、宗教转到自然、天地间"这样的变化。

至于中国，"感通"确实是个大问题。2014年4月，我在北京大学开设了两场讲座，其中第二场就集中谈了这个问题。事实上，只要明白了感通，宋代以来没完没了的"格物"争论，大概就可以迎刃而解了。在我看来，所谓"格物"，其实就是对事物的感通，就是对于作为一个对象的"物"感而遂通。后来朱熹他们把"格物"讲得很玄、很复杂，几乎天花乱坠，如果你越当真，就越可能像王阳明，最后把自己都给"格"出病来。为什么？朱熹所谓"格物"的最大问题，其实是说了半天，跳过了"感"，直接谈致知之事。换句话说，朱熹所谈的格物，其实是致知。他说，大凡世间必有理，任何事物都要格出一个理来。王阳明相信这个说法，于是就傻呼呼对着竹子"格"了起来，最后当然要病倒。

所谓格物，就是与物相感，与物相应，进而与物相通，最后，则是与物无隔。这样的格物，起先就只是看，只是不刻意、不较真、不落爱憎地与物素面相见。看了，有了感受，感受既深，感受既准，于是感同身受，遂与物无隔，这就是格物。格物是以感，至于道理不道理，那是在感的后头，不着急。先有感，后有知，先格物，再致知，谈理是致知之事。

格物致知，一点都不玄妙、不复杂，可千年来许多儒者却谈得令人晕头转向。或许这是因为他们的感通能力出了问题。也正因如此，他们老爱说自秦代焚书之后，"乐经"已亡，中国就没有真正的"乐"了。他们活在一个想当然的概念世界，以为只有怎么样才叫作"乐"，于是对真实世界渐渐荒疏，慢慢对乐没了感觉，比如《红楼梦》里的贾政就连听戏都没兴趣。儒者感通能力的不足，后来愈演愈烈，才导致当代许多知识分子都以为中国音乐没啥好听，一个个奉西方古典音乐为圭臬。

格物，就是感通。说白了，不过就是对眼前之人、眼前之事、眼前之景，有一份如实而真切的好感罢了！

王　肖：我想起小时候暑假或农忙季节，去乡下外婆家，看见村里的小广场、小溪的河滩边，都晒上了谷子，一到太阳下山，全村人都去收谷子。夕阳西下，照得那河面金灿灿的。人们挑着担子陆陆续续回家，那画面真是漂亮。多年之后，无论被什么样的美景震撼，都不敌这种深植记忆中的童年"印象"，但这和梵高的《拾麦穗者》中描绘大地辽阔的景象，似乎还不太一样。

薛仁明：当然不一样。华人世界吹捧梵高，在我看来，多少都有点瞎起哄。说白了，不过就是尾随着西方审美标准，人云亦云罢了。梵高可以触动西方人，因为他那种癫狂而炽烈燃烧的精神状态，在在都符合西方的生命美学。梵高的感，基本上是敏感。敏感不是坏事，可敏感太过，就会变成过敏。梵高算是西方艺术家常见到的神经过敏最极致的例子。他所有的感觉，都处在过度发展的状态，先是亢奋，继而夸大，最后则变成了扭曲。在他病态的精神状态下，人生的悲苦被放大到完全无可承受，眼下这世界，也幻化成一条条的扭曲线条。作为一个艺术天才，梵高把他那扭曲的极度不安精准而有力地传达出来，于是，他的不安便能强烈地感染其他不安的人。这些不安的人，不仅因此变得更加不安，还会觉得梵高描绘的状态才是最"真实"的。结果，一群不安的人，因此相互传染，相互影响，最后，就变成一种无以自拔的恶性循环。

正因为这种恶性循环，到了近代（也就是他们挥别宗教，彻底世俗化之后），西方艺术家的精神状态才会普遍变得光怪陆离，有的狂妄，有的自闭，有的喜怒无常，有的不近人情，总之，性情平正、为人谦和的，还真没几个。

王　肖：是啊！我妹妹学美术，有一天就特别感慨地说，中国传统诗人、画家，很少有精神病人，可是，西方的艺术家精神有问题的很多，甚至还包括西方的哲学家。那时她刚刚学传统文化，就发现这个问题了。

薛仁明：真的是这样，其中的对比确实非常鲜明。

王　肖：日本导演小川绅介说过，"自从有了混凝土马路，人们开始穿鞋，走在没有凹凸的平坦路面上，再学会了开车，人的感受力就变得不行了"，您的著作《这世界，原该天清地宁》，书名就可以概括农耕时代中国人感通的天地气象。现在人们对城市病、对污染有极深的感受后，回过头来，终于体会到人与自然、天地的感通是多么重要，于是环保意识日渐深入人心。但其实，今天西方人所讲的环保理念，和中国古人讲的与天地自然的关系，挺不一样的，是吗？

薛仁明：当然不一样。根本说来，西方所讲的环保理念，还是主客对立的二元思维。对他们而言，所谓自然，反正就是资源；所谓资源，当然要为人所用；人去利用，去开发，那是天经地义。当资源用尽、生态破坏了，人的生存开始遇到大危机，就产生了两种思考。一是典型科学家的想法：不外乎继续开发新资源、另辟新的生存空间，不断开发、废弃，再开发、再废弃，他们坚信，科学技术一定可以解决所有的问题。

另一种思考，就是所谓的环保。环保相信资源有限，于是想尽办法、用尽手段要让资源的耗竭速度放慢。可是，不管如何放慢，仍终究会耗竭。再者，如果真要放慢，就得牵涉国际之间没完没了的会议与协议，更牵涉各国之间无穷无尽的角力与算计。单单为了减碳，你看各国自《京都议定书》之后的机关算尽与泼皮耍赖，就知道这样的思维肯定是没出路的。

中国古代说"天地人"，首先就是对天地有所敬畏。西方人说环保，说了半天，多的是算计，少的是敬畏；多的是分析，少的是感通。对中国古人而言，自然不等于资源，绝不是说开就开，要采便采。自然有生命，山川有佳气，中国有那么多的山水诗，中国绘画几乎都是山山水水，这岂是偶然？自然之生命与山水之佳气，皆感通而知，非分析可得。如果恣意开发，佳气不再了，人首先活着就开始了无生气。换言之，人与天地，绝非二元对立，而是共荣共衰，本来一体。古人很清楚，如果没有对天地的谦卑，如果老想着"人定胜天"，如果把人的贪婪无限合理化，终有一日，天会绝人。

# 2.出国留学是否有必要？

王　肖：曾经有一篇文章《美国夫妇：我们为什么送女儿来中国上学》在网上流传，列举了很多中国家长认为是缺点、而在美国家长眼里却是优点的地方。美国籍父亲特别强调，他们不希望自己的孩子接受美国文化，尤其是美国中小学教育中的反智主义、接触大量毒品和性，女孩子过早被夸大性感，以及过度强调社交，等等。后来，又有一篇《为何要带孩子回国读书》出炉，作者是多伦多市长竞选时的中文媒体顾问。文章提到，作为一个中国人，她最接受不了的，是西方人不讲孝慈、长幼无序，以及整个亲情与归属感的淡漠。这两篇文章，其实都直指西方的一些核心价值观，由此也引发很多家长和有留学背景的教育家的讨论。

薛仁明：过去很长的一段时间里，由于倾倒于美国的富强，加上对中国应试教育的反感，中国人普遍对美式教育有着莫名的憧憬。可是，一旦真去了美国，许多人就会感觉到，美式教育的问题，不会较少，只会更多。即便如此，以前却很少有人提起；即使提了，也没人会理。除非他本来就是一个有相当文化自信之人，有生命高度，又有一点位阶，才可能把这种不安给坦然地说出来。否则，即使隐隐觉得不对，也会找个说辞，如，可能还不够深入，可能看得还不算多……总之，很难有理直气壮的底气说清楚。毕竟，那时面对美国，中国人总是在心理上先矮上一截。正因如此，一直到现在，有时我批评西方时，许多人情绪上还是会有一种抵触。美国教育的种种问题由来已久，但直到这几年，大家才总算可以心平气和地面对，这是件可喜之事。

王　肖：2014年3月美国第一夫人米歇尔·奥巴马访华，在北京大学做了一场演讲，演讲中鼓励北大学生去美国留学。在以前，大家会觉得这是一件好事，但到了这两年，大家所考虑的就多了一些。表面上看，这是一种人才资源的抢夺，更深层上看，这可能是对几代中国人价值观的改造。

薛仁明：本来就是如此。从这个角度来看，当年美国人拿"庚子赔款"来提供中国学生赴美留学，后来又成立留美预备学校，可真是一个大战略呀！擒贼先擒王，要改变一个国家，就得先改变下一代，得先从教育抓起。就这一点而言，美国人不管是输出他们的所谓"普世价值"，或者是帝国主义的文化侵略，确实做得比任何国家都要成功。如果与英国、法国、德国相较，二十世纪初的美国，还算不得一等强国，可美国在中国的影响力，却显然要大得多。接受美国教育的这群人，后来都成了中国的精英，享有了话语权，也掌握了论述权。海峡两岸至今挥之不去的美国化，目前大陆的有识之士开始想"挥"，至于台湾则压根儿没几个人有"挥"的念头，早已从当时的资助留学就奠定了基础。

正因如此，2014年4月我在北京大学开设的一场讲座，提出要以书院教育体制取代现行大学里的所有中国学问，就是希望能正本清源。现今两岸大学里中国学问的了无生气、奄奄一息，正是因为如你所说的，"几代中国人"，尤其学院里的人，其价值观多已被"改造"了。因为被"改造"了，所以尽管他们嘴里谈着中国学问，可思维还是美国式的。这种"美体中用"的所谓中国学问，怎么可能产生中国学问该有的能量呢？当然，我很清楚，那天在现场能把这些话听进去的人未必很多。本科生或许会听得进，但是，也会有困惑。至于有点年纪又有些位阶的老师，听了我讲的这些话，他们多少会感觉不舒服，甚至是有威胁感的。

有意思的是，后来上海《东方早报》的新媒体澎湃新闻网，把我这场讲座内容给发表出来了，结果，反响异常热烈，转载极多。由此看来，这还真说出了不少人的心声。

王　肖：我记得北京大学哲学系教授楼宇烈先生说过，五四时期那一代人，包括鲁迅、林语堂等，都是某种程度上的人格分裂者。因为他们的生活方式是中式的，可是他们在外面做的事又是西化的，这是那一代人普遍的现象，知行脱节。出国读书和生活，最终要面对的都是族群认同感和归属感的问题，这是百年来都未解决的问题。但现在的情况是，"国际同步"侵占了学术研究、学校、家庭教育的各个环节。

薛仁明：目前的形势是，"五四运动"近百年的深远影响，已经过了最高峰；"五四"时期的思维也已经从很多人眼中的"资产"，慢慢变成了"负担"。至于你所说的"国际同步"那驱之不去的"魅"，看来还方兴未艾，但其实也只是惯性地延续着，真说是趋势，却不在此。

你刚刚所提到的两篇文章里涉及国外教育的这些事，以前即使有人感觉得到，说了也没人理会，可到今天却不相同。你看正反两方，讨论得那么热烈，这意味着什么？以前没人理的，现在已经很多人感同身受，会有所呼应，会心平气和、不卑不亢地面对这些问题。你想想，这是多大的改变呀！

王　肖：他们之所以选择让孩子回国接受教育，或者每到长假就带孩子回中国来生活、学习，可能最重要的是，他们接受不了西方文化背景下血脉亲情的淡漠和隔膜，中国文化里才智、秉性等方面的父子相承、家学渊源，包括家风、门风，等等，虽然已经式微，但大家多少还是看重的。

薛仁明：老实讲，类似的文化差异可多着呢！以前大家心存自卑，面对西方，先自己矮上几截，看到这些文化差异，总觉得是别人好、自己差，西方是进步，中国是落伍。现在大环境改变了，我们开始有了自信，总算可以用一个比较平视的角度来看待这个问题。于是，送孩子回中国接受教育，长假让孩子回中国生活与学习，也都变得坦坦荡荡，甚至是理所当然。正因如此，之前我在位于北京市北郊的辛庄师范授课，有些家长很认真地来听课，将来他们中一些人可能移民，但在移民之前，一定要让小孩打下中国文化的基础，甚至自己先来补上中国文化的课程。这当然是整个中国的形势反转了。这样的反转，其实也刚开始。

现在，当然还会有很多人把小孩送去美国，可二十年后，你再来看看。出去的人，慢慢会发现，那边的问题不比这边少，可能还反倒更多，尤其是还得面对文化的差异。那天，辛庄师范有位旁听家长就问了我关于小孩出国的问题。我的回答是，孩子年龄越大出国，问题越小。比如，李安当年出国，是在艺专毕业、入伍服完兵役（台湾男生都得服义务兵役）之后，他家里又有着彻头彻尾的中国文化氛围，所以出国没有问题。不仅没问题，李安为人温厚，气度又大，又通过文化差异照见了自己，反而有加分的效果。可是，如果小孩十八岁出去的话，多少就会有些问题；十五岁出去，问题肯定不小；十二岁的话，我只能说，最好不要去。如果是六岁出去，那你就要有心理准备，将来小孩大概会用西方人对待父母的态度来对待你。

王　肖：**出国留学是个挺复杂的问题，涉及不同家庭中父母的素养、孩子的心性等问题，如果没有很好的规划，最后的效果常常会不尽如人意。我身边就有挺多的例子，孩子上中学时就出国，结果语言没学好，也不受父母控制，混完学位，甚至有些人学位也没拿到就回来了。随着出国镀金的附加价值越来越小，留学归国的平庸之辈也越来越多。在台湾，是不是现在也不像以前那么热衷留学了？**

薛仁明：是呀！在数十年前，台湾大学有句话说，"来来来，来台大；去去去，去美国"，多数台大毕业生都想尽办法去美国留学。正因如此，台湾六七十岁这一辈的精英分子，十之七八，都是留美回来的。但到了二十几年前，我毕业时情况就变了。出国的同学，比例不高，只占了少数。留学的国家，欧洲、日本都有，也不再一边倒地全去美国。到了这几年，年轻人出国的更少，反而是有关单位开始担心年轻人都不出国留学了，还想小法鼓励。

当然，两岸的情况不尽相同，大陆近些年勃然而兴的中华文化自信，短时间内也很难在台湾出现。台湾的年轻人不出国，究其原因，一是台湾某些领域已不逊于西方；二是西方也的确开始没落了，年轻人已不再有那么大的憧憬；三是台湾高学历恶性膨胀严重，真拿一张美国的博士文凭，回到台湾谋个教职也很困难；四是台湾的年轻人已习惯于安逸，少了拼搏的精神。

# 3.早恋问题该如何应对?

王　肖：说到美国校园的性感文化和过早的性开放，其实现在大陆的中小学也正在"与国际同步"。那么，我问一个具体的问题：如果您家孩子早恋了，您怎么办？因为这似乎已是一个被中国家长默认的问题了，好像哪个家长多加干涉，就显得特别不懂教育似的。

薛仁明：假使我的孩子真的早恋了，恐怕我也不会有多高明的办法。以前我教过这么长时间的中学，很清楚这问题有多棘手。严厉地斥责，多半只会造成更大的问题。故作开明姿态，也只是反映出根柢的无奈。真要拿捏，难哪！顶多也就是若即若离、不松不紧地把这问题给"含"着。"含"着，肯定比紧咬不放或者撒手不管对孩子好些。

《黄帝内经》有句名言，"上医医未病，中医医欲病，下医医已病"。倘使孩子真的已经早恋，那就是"已病"了。目前看来，我们家小孩早恋的可能性会比别人家的小孩小一些。毕竟，孩子会早恋，除了某些源于天性、谁也没办法的因素之外，多半也因生活环境所造成。我们家小孩的生理发育比起同年龄的小孩不算早，现在台湾小孩的饮食习惯都过度西化，生理发育大都过度早熟，这是第一点。第二点，他们仨至今都还有一种小孩的纯真，过得也挺开心。小孩会早恋，常常是因为生命有欠缺、不快乐，于是提早在某些方面找到一个依靠与弥补。至于第三点，则是他们仨平常不看电视，也不上网，少了很多没必要的刺激。同侪的熏染，与传播媒体的强力催化，是这一拨早恋"全球化"的根本原因。

**王　肖：在台湾，高中开始谈恋爱，算是早恋吗？**

薛仁明：高中谈恋爱，已算不早啰！台湾现在连小学生都已满嘴"男朋友""女朋友"了。

**王　肖：在大陆，现在初中生早恋就挺多的。以前有个说法，早恋要换成心理学专用词语——青春期交往过密，但实际上在青春期阶段的心理状态下，任何理论都是苍白的。**

薛仁明：如果只是纯粹喜欢一个人倒也无妨，这在小学或初中都还蛮正常的。但如果付诸行动，也不管家里的意见，一副要豁出去的样子，就会成为问题。就这种情况而言，现在台湾初中生的问题算挺严重的。

**王　肖：我可能比较古板，看到地铁、车站里很多中学生举止**

亲密，会有点儿不舒服。我只是打心底为他们遗憾，在他们这个年纪，其实可以去做一些更独立、更面向外部世界的事情，比如培养一门爱好、拥抱大自然、拥抱这个社会。如果只面对一个人，他们的世界会缩小、会变窄，对以后的成长和发展没有太大好处。我遗憾的是这些东西。

薛仁明：对，是这样的。他们提早"相濡以沫"，结果却错失了可以让他们更优游自在的大江大海。

不过，像台湾主流的教育学者，却觉得这都是正常的。他们的基本心态是，凡存在，必合理。于是乎，面对孩子就应该越尊重越好。最后的态度，就是以"自由"和"尊重"为名，行放任之实。但学校实际操作时，又不可能完全放任，一旦放任，学校肯定会大乱。因此，学校的老师做法就和那些专家的理论多有冲突，至于家长，当然只会更加焦虑。到最后，那些专家一方面是在迎合社会风气，一方面也是在助长这种社会风气。风气所及，小孩不断受到刺激，从小学开始，成人就动辄以戏谑的口吻问小孩："你有没有女朋友啊?"小学生习惯了这样的问题，也会慢慢觉得这是理所当然的。到了初中，有的人会越来越当真，当真到某种程度，就变成一种焦虑。某些女孩子，尤其是比较没自信的女孩子，甚至会觉得没有男朋友是一件很难堪的事情。

王　肖：我又想起那对美国父母，他们之所以要把孩子送回中国学习，就是因为特别反对美国文化中总强调女孩子要性感、要漂亮的内容；如果女孩子没有人追，就说明她的人生很失败。那对父母就不想让他的女儿在这种价值观下成长。

薛仁明："全球化"的资本主义社会就是这样，看起来五光十色，实际内里则是惊人的一致。面对这种横行全球、无远弗届的价值观，相较起来，大陆还算有一定程度的抵抗能力，台湾这十几年来，几乎连抵抗的念头都没有了。

王　肖：也就是说，有文化自信的民族，在吸收外来文化的时候，需要有所筛选和考虑，对不对？比如，宋代大儒张载提出"民胞物与""存顺殁宁"等思想理论，是对传统思想理论的发展和创新。学者章太炎先生认为，张载的理论兼收了伊斯兰教和基督教的部分，但张载又没有失掉自己作为中国人具有的儒家思想的这部分。

薛仁明：当然要有所筛选和考虑，难道美国年轻人卖弄性感、与毒品为伍，我们也要照单全收吗？如果没有筛选和考虑，我们自己又在哪里？没自己，哪来自信？尤其我们面对的是一个极端强势的外来文化，如果继续卑躬屈膝，继续仰望，不筛选、不考虑、不守住自己的底线，就等着被全部吞噬。

关于这一点，许多人会认为，我们应该不分中外，像唐代一样，全部对外开放、毫无拣择地中外一体。但是，唐朝人与我们今天相比，接受外来的东西是建立在从容自信的心理基础上，他们的"自己"可强大呢！当周遭国家如日本、高丽都那么热切地"唐化"时，唐朝人不管怎么地"胡化"都游刃有余。但我们自近代以来，却是不断地自我否定，又胡乱地从西方移植。换言之，面对外来文化，唐朝人是平视，我们则是仰视。只要是平视，心态就健康；仰视对方，那不叫虚心，叫卑屈。今天我们最重要的是得先学会平视。平视的基础，是得先搞懂自己。我们现在连自己的文化是什么都搞不清楚，还侈言不分中外、兼容并蓄？说白了，这就是不知本末。

# 4.秦代以后，中国没有真正的音乐了吗?

王　肖：2012年，我和北京大学中文系的王风教授制作了12
　　　　期的古琴节目，我最大的感触是，有了对古琴的深刻
　　　　了解，再去接触中国其他音乐，就会特别有底气，也
　　　　容易触类旁通，鉴赏力也有了质的提升。2014年11
　　　　月，我去韩国制作中韩传统声乐、器乐比较的节目，
　　　　通过对东方传统音乐的进一步了解，再次感受到东西
　　　　方音乐语言的差异。西方古典音乐一直在曲式上不断
　　　　完善，非常严谨，像搭建房子，从小阁楼到大建筑都
　　　　有。中国的传统音乐，口传心授，派别即风格，像每
　　　　户人家做的菜一样，各美其美，但又难以言说。

薛仁明：音乐可以听，可以感受，就是不好言说。

　　　　东西方文化的差异，在音乐上的体现其实最为彻底。
　　　　你越清楚音乐的根柢差异，就越不敢轻率地说"东西
　　　　融合"这样的话。老实讲，这就是两个系统嘛！可虽
　　　　如此，但至少可以各行其是，各美其美。

多年以来，中国读书人因过度仰视西方，反而对中国音乐最为无知。上回我在民间教育机构立人大学的读书会开设讲座，有个大学生提问，中国在秦代以后，不是就没有乐了吗？我回答说，没有乐，人怎么活下去呀？一个民族两千多年没有音乐，这个民族不早就湮灭了吗？最早是宋儒不知乐，每回都说秦代焚书之后《乐经》已亡，中国没有真正的音乐了。接着又有"五四运动"以后文化人的自暴自弃，成日鄙视中国音乐，以为只有西方的音乐才算得上音乐，比如，中国现代文学的奠定人鲁迅就一直瞧不起京剧。当读书人对音乐如此无知之后，最后就会把"秦后无乐"这样的谬论当真。

什么是"乐"？不仅是吹拉弹唱，包括我现在说话的这种音调，其实都是乐。别的不说，就以中国与日本文化之近，中国人说话的音调与日本人说话的音调却是两回事，这就是"乐"之不同。你去听日本的歌乐与器乐，就知道和中国音乐的差异挺大的。至于中西音乐之迥然有别，就更不用说了。

王　肖：进入二十世纪以后，西方的流行歌曲和古典音乐进入中国人的生活，中国人的音乐语言训练几乎是全面西化的。这时候，如果来一段编钟古乐，绝大多数人都听不下去，所以我们看电影或电视剧，一旦遇到宫廷、历史题材的音乐，经常需要作曲家发挥想象，因为唐代以后的中国宫廷音乐根本就没有流传下来。

**薛仁明：**这里可以从两个方面来谈。其一，二十世纪以后，尤其前半世纪，整个中国的音乐不仅戏曲兴盛，其实民间的传统器乐以及某些文人音乐，大都传承得不错，包括古琴这种纯粹属于文人的器乐，虽说"文革"十年几乎没人弹，可现在仍然火热得很。在所有中国音乐中，唯一出现断层的，其实就是你所说的编钟这类的雅乐。雅乐的断层，源于两个客观因素：一是皇室没有了，宫廷音乐也随之消失了；二是高规格的祭祀已迅速锐减，除了少数地方还保留着祭孔以及民间的某些祭仪之外，编钟这类的雅乐也就派不上用场了。事实上，别说现代人听编钟音乐大多数听不下去，即使古人，差不多也是如此。据《礼记·乐记》所载，魏文侯"听古乐，则唯恐卧；听郑卫之音，则不知倦"，让魏文侯听了昏昏欲睡的所谓古乐，其实就是编钟之类的雅乐，这本来就是仪式音乐，伴着典礼、伴着祭祀听，会觉得庄严肃穆，可闲着没事当成音乐来听，就不可能多么悦耳。你听过祭孔的音乐吗？大致就是这样。

其二，中国的宫廷音乐其实不需要还原，也还原不了。假使有人说某某音乐是从唐代保存下来的，很完整，原汁原味。这样的说法多半"非愚即妄"。所有的音乐，一定要有传唱才会存活；传唱的过程一定会产生变化，只要没有传唱，经过一段时间之后，即使找到古谱，也不可能再现原来的完整面貌。音乐必然有两个特色：一是都是当代的；二是都有其历史渊源。这两点结合起来，才能看到音乐的本质，才不会掉进那么多的音乐误区。学者之所以宣称中国从何时起就已经没有了"真正的"音乐，是因为他们老把音乐想成是凝固的、可完整保存的东西。但是音乐哪里是这个样子？你看看京剧，同一出剧目的同一个唱段，梅兰芳这么唱，程砚秋那么唱，两人几乎是天差地别。如果不告诉你，你还未必知道那是相同的唱段呢！

王　肖：**说到戏曲，我真担心人们还没认识到它的美之前，就大量地消亡了。京剧、昆曲这样的文化遗产，应该会被保护起来，但大量不那么有名、也没什么名角儿的地方戏，包括地方音乐和口头文学，可能就不那么好保护了。它们存在的意义更多的是体现文化的多样性，这也是非常重要的。**

薛仁明：音乐这东西，只能传承，无法"保存"，也很难"保护"。音乐除了一定要有人唱奏之外，更要有合适的"场"。比如，宫廷音乐一定要有皇室的存在，即使没有皇室，也得要有"朝廷"的意识。不论是重大仪式，还是与国外贵宾酬对，都不仅有"礼"，更要有"乐"。这个"乐"，一旦由中国乐器担纲，用于恢复传统朝廷般的庄严肃穆，宫廷音乐自然就会重生。即使样貌与唐代、宋代有所不同，但只要精神在，你一听，还是会觉得那是宫廷音乐。反过来说，今天如果没这个"场"，即使你找到了唐代、宋代古谱，一演奏起来，还是会像演戏一样，感觉有点怪！

同样的道理，地方戏的最大问题，就是要找回他们的"场"。其最重要的"场"，既不是剧场，也不是表演厅，而是民间向来处处皆有的戏台。民间只要有庙就有戏台。只有恢复民间一座座的庙宇，地方戏才有办法找到最根源的生机。

王　肖：**最近我读文学理论家萨义德的音乐随笔《音乐的极境》，他在《序言》里感慨，从二十世纪以来，整个西方世界古典意义下音乐对人素养的提高已经衰落。也就是说，大家不再认为音乐是成就一个人内心世界的必备因素，这使他感到非常悲哀。如此看来，音乐衰落这件事，就不只是中国才有，而是全世界的共同现象。流行音乐的发展使得音乐逐渐沦为一种简单的感官消遣。**

薛仁明：任何一个文明的衰落，必定是从音乐的衰落开始。今天中国音乐的退化，一方面是因为中国文明的困惑与淆乱，另一方面是受到西方的影响。近百年来的西方，其实是个外强中干的文明，尽管外表上强大，骨子里却是衰颓的。这么一个骨子里衰颓的"强势"文明，使全世界陷入无止境的物质追求，反映在音乐上，就是数十年来弥漫着感官刺激。

相反，一个时代如果能新生，也必然会从音乐之中听出那样的朝气。正因如此，我才会常说，蒋经国时代相较于之前或之后，人们创作的音乐最有朝气。你听听当时的校园民歌，一大批年轻人创作了那么多清新而明亮的歌曲。等过几年后，偶尔出现一两首例外的歌曲外就几乎不见了。为什么？不就是因为那样的朝气已然不再、那样的时代已然过去了吗！

王　肖：台湾校园民谣的余威也波及了我。我1996年上大学时，学的第一首吉他弹唱歌曲，就是刘文正唱的《让我们看云去》。歌词非常简单："女孩/为什么哭泣/难道心中/藏着不如意/女孩/为什么叹息/莫非心里/躲着忧郁/年纪轻轻/不该轻叹息/快乐年龄/不好轻哭泣/抛开忧郁/忘掉那不如意/走出户外/让我们看云去"就这么几句简单的话，但一直记到现在。

薛仁明：就现实的时间而言，你并不属于那个时代。但是，因为生命状态的接近，你跨越了时间差，直接跳过去，接上了那个时代。大陆有一批年轻人，都接近这样的状态，我在昆山的一个学生，年纪与你相仿，接触台湾校园民歌估计也有十来年。大陆这批三十多岁的人，与台湾五十岁上下的人听着同样的音乐，这现象很有意思。

王　肖：不可否认，大陆和港澳台地区的流行音乐，甚至包括整个东亚，更多的都是在拾西方流行音乐的牙慧。这三十多年来，看似繁荣，但基本上是自我复制。现在华语流行乐坛的疲软和普遍的江郎才尽，已是不争的事实。

薛仁明：上次，我看央视《新闻频道》播出2014年年终全球的跨年景象，镜头是近乎一致的焰火晚会，背景音乐则是全世界几乎都一样的各国流行音乐。我想，现在华语流行乐坛的疲软和普遍的江郎才尽，关键问题是全球化。如果我们在文化上没办法摆脱全球化，没办法摆脱西方的那种物质主义，华语流行音乐就必然会气数丧尽，最后就只能是无病呻吟。

# 5.我们需要怎样的礼仪教育？

王　肖：我去韩国出差，最大的感受就是他们的礼仪，男女老
　　　　少鞠躬都特别自然，还有一提到传统和文化遗产时，
　　　　他们那种由衷的虔敬。但我们这边，还有人在讨论
　　　　《三字经》和《弟子规》是不是有毒的内容、够不够
　　　　纯净。我在想，现在中国的教育体系是苏联和西方教
　　　　育体系的杂糅，在这样一个教育环境里推行中国传统
　　　　文化，该由谁来教，该恢复到什么程度，这都是个大
　　　　问题。另外，我也妄加揣测，推行全面的礼仪教育，
　　　　是不是在当下中国时机还不算太成熟？

薛仁明：《论语》中有一则记载，子夏问孔子"巧笑倩兮，美
　　　　目盼兮，素以为绚兮"是何意思？孔子答曰："绘事后
　　　　素。"子夏接着又问："礼后乎？"孔子一听，很开心，
　　　　说道："起予者商也，始可与言《诗》已矣。"

　　　　子夏所说的"礼后乎"这三个字，孔子听了很开心，
　　　　可后世的许多读者却不太留心。原来"礼"是要摆在
　　　　后面的，因为那是个形式，在形式的前头，总该还有

个东西，这就是性情，是本质，是《论语》所说的"乐"。性情与本质弄对了，形式上的东西就会慢慢跟上。如果不管性情，一开始就关心形式，这形式一来会让人感觉是在演戏，二来也容易产生一群伪君子。

我在北京大学开设第二场讲座前，有个敬茶仪式，请听讲的同学起立跟老师行礼，再由一位同学奉杯茶给老师，等老师啜口茶，讲座才正式开始。那天开场之前，那位负责奉茶的同学提了这事，戒慎恐惧地问我看法，我说没问题，就按你们的想法做。他说，上回有个讲座课程，那位老师批评北大连这样一个礼都做不到位。他的意思是，这个奉茶仪式做得很不对。后来，我当着大家的面说，我跟那位禅修老师的看法不太一样，这么一个奉茶仪式做得到不到位并不重要，重要的是那份心意。尤其是在北大这种西化的重灾区，你会看到许多人在讲座的中途大大咧咧地进来，三五分钟后又大大咧咧地出去，在这种环境下，你们这个社团能知道一开始先跟老师行礼，再给老师奉茶，这就非常好了。至于具体该怎么做，只要你们有这个心意，自然就会慢慢调整，慢慢到位。这样的仪式，不必想着有个固定的范本照着做，否则就像演戏似的，不是好事。

后来我跟他们说，敬师的表达形式，其实可以千变万化。以前我当台湾佛光大学艺术研究所所长林谷芳老师的研究生时，教室里铺着地毯，大家随便拿个垫子席地而坐，只有林老师的位置有靠背。有一次，吃过午饭，课才刚上一会儿，林老师说，好累啊，就直接躺了下来。于是，我们一个个席地而坐，他就躺着为我们上了一堂课。平常林老师上课时，他座位前头有张桌子，还没上课时，我们一定得帮他沏壶好茶，因为林老师喝遍天下好茶，对茶很在行。这一壶好茶旁边，还要有一盘水果，外加一盘点心，否则他不上课的。除此之外，一定还要插一盆花，花还不能插得难看。我对北大的同学开玩笑说，林老师的桌子简直就像个供桌一样，这就是师道尊严嘛。

**王　肖：但并不是每个老师都有林谷芳先生这样的地位和气场，他的师道尊严是日积月累的，也是学生发自内心的，是师门传承的，别人是学不来的。**

薛仁明：当然是如此。所有的礼仪，本都发自内心，慢慢长出来的，既然是长出来的，便要有个过程。在这个过程中，礼仪一则要紧扣着内心，二则要顺应着时势与人情。礼仪的具体形式一来没那么重要，二来也必然要与时俱变。清华大学礼学研究中心耗费那么多的人力、物力来复原周代的《仪礼》，虽说不无价值，但对于实际生活却没大必要。真要复原，复原唐宋或明清时期的礼仪，参考的价值肯定更大。今天要大家照着先秦的《仪礼》来应对进退，压根儿就不现实，就像总是穿着汉服的人一样，感觉突兀、不自然。

华夏文化复兴运动中较为积极的汉服运动，立意良善，出发点甚好。本来中国人就该有中国人的衣裳，这完全没问题，但是否要一味地复古，直接把古人的衣裳穿在我们身上？这就得琢磨琢磨了。现在汉服运动参与者如此之多，可真把那套汉服整天穿着，这就牵涉如何顺应时势与人情的问题了。像我现在身上穿着唐装长袖，今早到家乐福超市买个东西，路边有位男士，衣着体面，一身西装，领带打得很好，人看来也宽厚，见我走来对我说道："先生，您穿这件唐装好看哎！"我没说话，只笑着跟他拱拱手。我这件衣服是我寻常的穿着，平日穿得自在，别人看了也顺眼，那就好。至于这样的衣服是不是将来中国人都要这么穿，我看也未必。我们肯定会调整，只要中国人的性情与审美恢复了，自然就会调整得好。性情与审美，就是我刚刚所说"乐"的那个层次，"乐"培养出来了，"礼"慢慢就跟得上。这样的"礼"，就有源头活水，就不流于形式，不会让人看了别扭。

王　肖：从这个意义上来说，今天很多私塾里过多地强调背诵经典、过于刻板地强调礼仪，也是不恰当的吧？或者应该先从中国音乐、中国绘画等各个方面来"养养气"？

薛仁明：准确地说，不只是从中国音乐、中国绘画等方面来"养气"，更要从中国人的具体生活与岁时祭仪方面来培养"如实感受"的能力。古代许多儒生、现今许多学者之所以不近人情与自我为中心，都因为这种"如实感受"的能力太弱，外在的礼仪与学识又过多，于是导致了生命的失衡。我们还是得一步步地培养"如实感受"的能力，慢慢把"气"养起来。

# 6. 中国电影的真正出路在哪里?

**王　肖:** 如果说有谁的身上散发着天然的中式儒雅之气: 既有
东方人传统、细腻、感通天地的感受力，又能在西方
人的顶尖团队里摸爬滚打，得到东西方高度认可——
只有著名导演、编剧李安先生。他是对文化冲突观
察、思考得非常通透的人，您在《这世界，原该天清
地宁》里也提到过他，不知您对李安导演的成长经历
有没有特别琢磨过?

**薛仁明:** 没有特别琢磨，就只是一般性的认识。不过，对于他
身上的文人底蕴，若相较于台湾电影导演侯孝贤那种
更植根于民间的传统根基，两人乍看有别、实则吻
合，确实深感兴趣。上回，大陆电影圈颇具影响力的
《电影艺术》杂志对我有个专访。按理说，电影我是外
行，平常也少看，但其编辑部的王纯主任之所以找到
我，是因为他心里一直有着困惑。这些年来，大家都
觉得电影要慢慢往中国文化上倾斜，要拍出具有中国
文化内涵与传统底蕴的电影。不过，概念上虽然这么

说，可到底什么是中国文化，却没太多人弄明白。听学者说了一堆概念，无非就是"天人合一"之类的陈腔滥调，实在没有什么真实感，遑论与电影联结了。于是，他就试探性地找我谈谈中国文化，看看有没有可能跟电影联结上，可惜那时我人在南京，他找了两个年轻的研究生来采访，并没有把话题真正展开。不过我还是特别强调了一点，二十年多前侯孝贤导演讲过一句话，最能够传达中国文化精神的，不是电影，而是戏曲。换句话说，中国电影要真正与传统文化联结，必须要从戏曲中吸取大量的养分。

**王　肖：在当代话剧的舞台上，无论是已经故去的北京人民艺术剧院的创建人、老院长焦菊隐，还是今天的北京人民艺术剧院导演林兆华，都是深谙中国戏曲的，觉得中国戏曲里有着无限的宝藏。**

薛仁明：有一回，我在辛庄师范上戏曲课，有个学生下课后高兴地说，古典小说里大量的人物心境描绘，电影与电视一向都难以处理，戏曲却能处理得如此游刃有余。他这话说得对，戏曲有一种强大的诗意与自由，对于故事的铺演可紧可慢，对于情节的交代可松可快，一会儿是"疏可走马"，一会儿则是"密不通风"。这样的自由使得戏曲格外擅长人物心境的抒发，传统戏曲的这种诗意与自由，其实是中国文化的核心所在。目前电影界还不太关切这种戏曲美学，就使得他们的电影语言与中国文化有着一种根柢的隔阂。

王　肖：后来我琢磨，为什么今天很多华人导演的作品没有诗意，要么是模仿西方追求暴力美学，要么是揭露社会现实去拍现实主义的片子，如果拍美的东西，就显得轻飘飘、没分量，找不到侯孝贤导演作品中的那种诗意。我想，侯孝贤导演作品中的诗意是不是也和戏曲有关？

薛仁明：侯孝贤导演对电影画面的经营、节奏的掌控，确实跟戏曲美学很接近。许多人都感觉得到，侯孝贤导演的电影与西方电影不一样，很有中国味。但到底"中国味"指的是什么，却多半说不清。事实上，说侯孝贤导演真从戏曲中汲取了多少养分，恐怕未必，但他的电影里有着戏曲美学般的诗意与自由，则属千真万确。换句话说，侯孝贤导演的电影美学与传统戏曲的精神样貌，都源自相仿的生命状态。而不在这种生命状态下的导演，即使拍了那么多大制作，那么多古装剧，看来全部都是中国元素，但大家依然不觉得这样的电影有中国味。

正因如此，李安拍的电影《卧虎藏龙》才会那么受欢迎。说白了，李安就是那种生命状态的人，他的镜头有着中国电影该有的诗意与自由，所以拍的电影才会让观众觉得真实。对李安而言，即使武侠世界中有的东西是虚拟的，但他还是能契入武侠世界最核心的生命状态。他拍的电影《卧虎藏龙》，即使很多技术层面的东西可以再讨论商榷，但终究会让人觉得整个调性是对的，觉得很自然，看起来有味道。说到底，关键仍在于文化底蕴，只要底气足，很多东西拍起来就能够到位。

王　肖：**侯孝贤导演的电影，就连配乐都有浓浓的中国味。台湾的作曲家林强和陈明章都与他合作过，那是一种来自民间的中国味，可唤醒你的记忆，直接打动你。比如，侯孝贤执导的《悲情城市》《戏梦人生》，其中的电影音乐都有很浓的中国戏曲元素。后来，王家卫拍了一个喜剧电影《天下无双》，其中有大量的黄梅戏改编唱腔，这也是我很喜欢的一部电影。中国戏曲里有沉稳持重、教化人心的部分，同时又有各式各样的诙谐与逸趣横生，足以消解世间的一切苦难。这样有点超脱、又在苦难中生长出希望的东西，其实很美妙。**

薛仁明：这就是我所说的戏曲的自由。一方面是演出形式的自由自在，不受时空所缚，另一方面则是当下解脱的境界。后者这种境界，才是最根柢的自由，因为有了这种生命状态，所以戏曲既不夸大生命冲突，也不穷究人性幽微，只是平平实实地看待人生的悲欢与离合。戏曲看起来锣鼓喧天，但骨子里却有种"人闲桂花落"般解脱的静意。那种喧闹中的静意，犹如人生有再多的跌宕起伏，都可以波澜不惊，人生有再多的苦难伤痛，也都有着根柢之淡然。有此淡然，便可以从所有的苦难中解脱。一旦能当下解脱，就可以诙谐，可以逸趣横生，随时都能"好玩"得很。戏曲这种当下解脱的境界，几乎成了民间数百年来的集体修行方法。民间看戏曲，若用现在的说法，几乎已成为一种"治愈"。可实际上，"治愈"这个词并不恰当，"治愈"必然假设是处于生病的状态，但依中国人看来，人本来好好的，哪来那么多病？因此，戏曲更多的是自己看得开心，但本身又是种修行，寓教于乐。从昆曲的勃发到京剧的兴盛，乃至于地方戏曲的精彩纷呈，戏曲在中国民间早已是雅俗共赏，成为从读书人到庶民的共同"乐"教。

# 7. 当下读书人的问题在哪里？

王　肖：孔子说话善巧，对于不同学生，总能施以不同的教化。"仁"与"孝"，在不同学生的面前，便有不一样的说法，这体现的是权变的能力。但后来的儒者，这种权变的能力似乎就越来越小了。所谓"权变之道"——这个权变，体现为我们对事物的体察、对他人感通的能力，包括话语的方式、姿态的延伸。若用佛教的说法，则是当现何身就现以何身。

薛仁明：是呀！所以儒者的脸就越来越板，人也越来越难以亲近了。传统文化总说"经"与"权"、"常"与"变"，究竟该如何出入自在、拿捏精准，一直都是读书人最大的功课。大致而言，儒者知"经"守"常"，道者则长于通"权"达"变"。儒、道二者，合则两美，离则两伤。孔子之所以比后代儒者气象更大，正在于他有开有阖、守"经"知"权"，能兼得儒、道二者之美。后代儒者，多半就容易拘泥于一家之言，总落于一端，于是生命中就有太多没必要的执着。

这样的执着，成为宋代以后许多读书人共同的文化基因。今天不论是西化的公共知识分子，还是捍卫传统的卫道君子，尽管在概念上对中国文化认知不同，公共知识分子抱持着反感，卫道君子则坚决地拥护。看似截然对立，可在他们身上却能看见很一致的人格特征。这样的人格特征，无非就是以真理自居、党同伐异，他们普遍傲慢，轻易就瞧不起人，因此常常难以与他人感通。缺乏与他人的感通，就成为宋代以后中国读书人最核心的大问题。因为这个问题，所以读书人开始跟王者无法感通，跟庶民也无法联结，最后变成上不着天、下不着地，离谁都越来越远。

认真追究，还可以再上溯到孔子晚期的弟子，也就是"儒家"正式成立时，就已经有这种过度严肃、过度较真的问题。其实儒者过度的高姿态，在嫡孙子思以及孟子身上就可以清楚地看到，不过这个问题的确是从宋代之后才全面地尖锐化。

王　肖：以前从历史书上所获得的印象，宋朝是读书人地位最高、最受尊重的时代，尽管当时官员比例很大，老百姓不堪重负，但宋朝的读书人总体上是历史上最幸福的文人，没想到背后隐患无穷。

薛仁明：相较于其他朝代，宋朝的读书人的确幸福。但读书人幸福，会不会有助于历史的发展，那就难说了。读书人的备受尊重，也可能利弊参半：一方面，造就了宋代士人"以天下为己任"的高度使命感，读书人似乎变得更有担当；另一方面，会不会因为使命感太强，使得他们自视太高，以致产生了傲慢，渐渐不屑于且无力与他人感通了呢？

儒者一旦失去了感通能力，开始与王者紧张，与庶民疏隔，就只能活在自己标举的"内圣外王"之道，活在"以天下为己任"的空头概念里。结果他们越来越"正气凛然"，也越来越高不可攀，一个个神道似的。他们给了自己一个说法，说这叫作"气象岩岩"。这样的高姿态，自然会招致紧张与对立，于是，有明太祖朱元璋建立大明朝后对士大夫的百般折抑。任何事，总是两个铜板才会响，互为因果，不可能完全只是单方面的问题。

王　肖："文革"中受到诬陷和迫害的知识分子，有选择自戕的，而真正从那十年里走过来的人都特别豁达，对生命有种素朴的态度。比如钱锺书、杨绛夫妇，钱锺书先生是个生活能力极差的人，我常常觉得，是杨绛先生在成就钱锺书先生。你看杨绛先生写的《干校六记》，写得多么深沉蕴藉，留给后人的，更多的是智慧，而不是喟叹。还有民国时期著名记者、作家曹聚仁先生的儿子曹景行老师，他在那十年里到安徽南部的黄山茶林场落户"上山下乡"，他母亲就写信给他说，你安心做一个农民，挺好！

薛仁明：这个很重要。生命中的种种磨难与不堪，事过境迁之后，有人会因此苍白怨叹、伤痕累累，有人则是淡然清朗、气定神闲。这天壤般的差别，个中关键只在于你想明白了没有。事情一旦想明白了，肯定就有帮助。任何一个磨难，当时我们肯定都不乐意，但事后却可以有积极的意义，不一定只是全然白过。

从这个角度来看，当下许多读书人对于"文革"这个苦难都还没有真正想明白。结果，公共知识分子仍旧坚持着"启蒙者"的高姿态，而捍卫中国文化的人也依然自觉是孤臣孽子。他们都觉得被时代牺牲、被某些人辜负。他们老是觉得众人皆醉而我独醒。我挺不喜欢这种说法。我想问的是：到底是谁醉了？到底又是谁醒了？

"文革"至今，大家都不愿有自省式的梳理，最多，就像世界著名汉学家余英时所进行的所谓的"思想史研究"，把这个问题归咎于中国文化传统的"反智论"。从老子、韩非子的"反智"倾向讲起，一路发展，到了"文革"时期，"反智论"算是彻底爆发，达到了极致。总而言之，就是"反智论"招致了那么大的劫难，读书人蒙召此难，基本就是被"反智论"所荼害。

唉！天底下哪有这种事？连夫妻吵架，都得承认双方各自多担待些。"文革"这么大一个劫难，许多人被无辜连累了，但知识阶层至今却只愿意以受难者、牺牲者的姿态自居，而不愿反省自己可能出了什么问题。在此心态下，那十年的苦难，就等于白过了。

王　　肖：您这番梳理非常犀利，到现在我们都没有办法去直视"文革"。

薛仁明：直视"文革"的前提，就是读书人要先面对自己，先梳理宋儒以来根深蒂固的文化基因。如果看到了这一点，整个事情的来龙去脉、是非曲直，就会有另一个截然不同的历史视角，而不再只是拘泥于一己的悲情与控诉。中国的学问，向来强调反求诸己。别人有什么过错，我们当然可以弄清楚；但自己有什么问题，是不是也更应该弄明白呢？知识分子爱说"反思"，也喜欢强调"反省"，那么是不是就该心平气和地面对读书人这个文化基因呢？二十几年前，我深入了解过儒家思想，有很长一段时间，也感染了前述的"疏隔""傲慢"等毛病，那时隐隐觉得不对，却不知问题出在哪里。等许多年过后，我终于看到了自己，也照见时下知识分子的共同精神困境，这时才忽然把"文革"的历史脉络都给想清楚了。中国的学问，一向是孔子所说的"为己之学"。梳理这段历史的最大目的，无非是警惕自己，莫再掉进那些误区。如果有心之人读了，因此也有一番生命的观照，那么我说这半天，就不算太啰唆了。

# 8. 中国传统的人性观照是什么？

王　肖：大家现在一说到中国传统文化，要么以古板、腐朽为由全面否定，要么说工于权谋，会戕害孩子心灵。前两年流行的电视剧《甄嬛传》，最后把人性的恶渲染到了极致。女主角甄嬛在雍正临死前，说了很多狠毒的话，如果按中国的传统，一日夫妻百日恩，但《甄嬛传》中的许多话都恨不得置人于死地，必定要把人性之恶赤裸裸地呈现出来。对于人性的问题，孔孟都很慎重，即便是荀子，也强调礼法并重，很少会偏离到极其穷尽的程度。

薛仁明：中国传统对于人性之恶，从不觉得"赤裸裸地呈现"是一种最好的方式。古人清楚，很多事情不能太较真，一旦过度较真，不但无益反倒有害。许多文艺青年受西方文化影响，自以为聪明、也自以为在诚恳地"逼视"人性之恶，结果，没"逼视"之前，多少还有些活气，等真"逼视"了，就把自己搅得阴暗颓靡，终至于大废不起。这就是弄假会成真呀！不只聪明会被聪明误，有时认真也会被认真所误。

《甄嬛传》这种极尽人性之恶的拍摄方法，多少是受了西方美学的影响，也结合了当前大陆的某些气氛，当然还有不少商业的考虑。毕竟，这是一种精致的洒狗血行为，肯定有人叫好，也肯定会大大地叫座。这种洒狗血，和中国传统戏曲讲究的温柔敦厚，恰恰是两回事。传统戏曲中再坏的角色，都不会演到让观众心生仇恨；传统戏曲碰触人性之丑恶，总是点到为止，毫不纠缠。中国老话说，"穷寇莫追"，一味穷追猛打，不仅会把人逼急了，最后也会让自己无路可走；不如留点余地，大家才有办法呼吸吞吐，生命才可能翻转，所谓人性之恶，才不会是桎梏。

真论人性观照，传统戏曲温柔敦厚、不洒狗血，看似不够犀利，也谈不上深刻，实则是因心中明白，故而多了些余裕，遂显得从容自在罢了！中国传统教人要含蓄厚道，也是立足于这样的人性观照。上回我在昆山，有听众提问说，中国传统文化这么好，可问题是，当今真用那套东西，肯定要遍体鳞伤的。我笑着说，千万别把传统想得那么单纯。传统文化是要把人变好，不是要把人教傻。对人抱持善意，这是没有问题的，可这份善意不应当是呆滞的善意。该有的深度要有，对人性该有的照察也要有。这样的深度与照察，根柢仍在于对人的真心与善意。两者不仅不该有冲突，还应该相辅相成。也唯有如此，我们才会发现，每每越是不理想社会，这种真心善意的能量就会越大。正因为不容易，所以才更动人。

传统文化的核心，本来就是生命之学，关键就在于生命如何不落于两端。如果你是一个善意之人，身旁自然会物以类聚，会聚集一群这种厚道之人。反过来说，如果你持着《甄嬛传》那样的生命态度，你旁边也很快就会汇聚很多那样的人。如果你真想过那样的生活，就不妨去；如果你老抱怨身旁尽是一堆工于权谋的心计之徒，那也不妨照照镜子、看看自己。

平心而论，心机和权谋未必不好，关键在于怎么运用。比如，台湾佛光大学艺术研究所所长林谷芳老师，他平时言行干脆直接，什么事都两刃相交、无可躲闪，但其实他是个有谋略之人。林老师深谙大机大用，非常厉害。说到底，最重要的还在于人的心念，心念如果是好的，权谋就可以成就大事，能让你的善意开花结果，从点到线，再到面，慢慢蔚然成风，汇集所有的善因缘。《甄嬛传》的问题，其实不在于权谋，而在于这些人的心念。如果心念不正，又工于心计，最后当然会把自己困死。

王　肖：我们平时读《论语》，看到的都是很端严的孔子，他也讲权谋吗？

薛仁明：我们先来咬文嚼字。从字面看，所谓"权谋"，"权"是权变，"谋"是谋略。孔子教学，如此善巧，怎么可能不懂权变？孔子批评子路有勇无谋，自己又怎么可能不知谋略？就教育而言，颜回赞叹夫子"循循然善诱人"，说白了，一是权，二是谋。就政治而言，阳货要孔子出仕，孔子一口答应，可事后证明是孔子忽悠了阳货。孔子忽悠的对象，还不止阳货。卫灵公问孔子兵阵，孔子答曰不懂，这当然也是假话。孔子的弟子冉求帮鲁国打了场胜仗，季康子很高兴，问道，你打仗的能耐是从哪学来的？冉求答曰："学之于孔子。"

孔子不说真话，显然有其道理。只有幼稚之人，才会时时刻刻都讲真话。在必要的时候，本来就该让话语更具弹性。孔子就曾强调过"言必信、行必果，铿铿然小人哉"，以孔子这样的大智慧，怎么可能会呆到不知权谋。知权谋，才能知深浅。孔子评管仲，就是个好例子。子贡、子路对管仲都不以为然，可孔子偏偏对管仲评价极高。孔子即使对齐桓公、秦穆公，也都有好感，觉得他们了不起。但到了孟子，对于管仲、齐桓公，就只能是满嘴不屑。后来的儒者，思想多接近孟子的思想，总瞧不起管仲、齐桓公这些人。孔子和他们都不一样。孔子是个有现实感的人，知深知浅，知道事情的难度，知道管仲能做到这程度已太不容易。后代儒者的百般不屑，其实是因无知、无感，于是导致了自大，才会那么轻易看不起人。试问，真把国家交给他们，他们能做到管仲这种成就吗？满嘴巴高调、一脑子理想的他们，真正让他们一展"内圣外王"的经国大道，恐怕多会成王莽之徒。王莽是个很好的儒者，以私德来讲，没啥可挑剔，为人谦恭，又那么好学，还真心诚意地为国家。可是，这么好的一个儒者，真把天下交给他，最后又变成了什么样子？

王　肖：所以，这些纯儒本质上和自由主义者是一样的。

薛仁明：不完全一样，但确实有相似之处。我在《孔子随喜》一书里提到，几年前在《中国时报》创办人余纪忠的纪念会上，台湾有群极有分量的自由主义者聚集开会，我看了其中一张合照，突然明白，近些年自由主义的知识分子感慨大家不再听他们说话，其实这没什么好抱怨的。除非像二三十年前我那样的愤青还会被他们打动之外，一般人单看那样的脸，大概就不想听他们说话了。他们多数人的脸都那么纠结，眉毛仿佛打结似的，如此谁还会想听他们说话呢？这些自由主义者在概念上，自觉离儒家甚远，可骨子里都挺近的。他们都有儒家好的一面：有为有守，满怀淑世的理想；同时，他们也常有儒家坏的一面：偏执，自居真理，总以为天下之美尽在于斯。

事实上，儒家的文化基因早已植入包括大陆公共知识分子在内的绝大多数中国读书人的魂魄深处，除非我们对于儒家那种自大、倨傲、总以为天下之美尽在于斯的文化基因有所意识，进而深切反省，否则，中华文化就不容易往正面的方向转化，许多人也会对中华文化不断地抱持着怀疑。当初我之所以写《孔子随喜》，一方面是应缘，即报社与出版社邀稿，另一方面也是深感儒家终究是中国文化的根本。儒家究竟好在哪里，问题又出在哪里，还是该做点正本清源的工作。经过近百年的西化狂潮的洗刷，如今也该心平气和地看待儒家了！

# 9.孔子的可爱之处在哪里？

王　肖：中国人从小到大、从生到死，都认为涵养一份静气很重要。这种静气，不是庙堂之气，而是山林之气。纵观《论语》《庄子》，颜回无论身处怎样的处境，总能一身静气。这点非常了不起。不过，我注意到一个现象，就是孟子好像对颜回比较无感，提得不多。

薛仁明：孟子对颜回的相对无感，根本原因就在于生命情性离得较远。颜回是个生命状态近乎透明的人，不舍近求远，不本末倒置，似乎什么时候都有个清清楚楚的自己，因此，他不为外境所动，没半点浮夸，更不托大倨傲。颜回不会轻易对人不屑，他除了一身静气之外，就是一团和气。他活得安然，旁人与他相处，也会感染到这种安然。他关心外头的世界，也有淑世的理想，但都完全不妨碍他根柢的自在与从容。颜回有种自信，是一种暖暖内含光的自信；孟子也有自信，但他自信太过，自信得让人觉得刺眼。孟子的使命感过深，说话口气也太大，满身正气，满脑子伟大，别人只适合仰着头看他滔滔不绝，却很难跟他和悦安然地坐下来闲聊。颜回不说话时，我们会感觉到有股安详之气；孟子不讲话时，我们会有种压迫感，不知道怎么面对他。

**王　肖：孟子好辩，又爱教训人。**

薛仁明：是的。孟子总在辩论，又总是赢，似乎他永远是真理的一方。然而，我们读《论语》却感觉很不一样。孔老先生有时会吃瘪，有时会被笑话，还常常被人质疑。子路对他的吐槽俯拾即是，有时简直就是顶嘴。孔子对于时人，有称许、有批评；对于学生，有喜、有怒。他骂人，也表扬人；说真话，也说假话，不时还说说反话。总之，他的语言丰富，生命饱满。孟子不一样。孟子要不就说道理，要不就教训人。不论是对学生，对时人，或者对王者，他都有种教训人的姿态。后世的儒者，尤其宋以后，普遍都太爱讲道理，太爱教训人。我常说，少跟那种喜欢说道理的人来往，这种人危险，不好玩。他会自圆其说，轻易把自己的行为都合理化，一旦有了冲突，也就轻易把对方妖魔化。他一翻脸，对方就突然成了十恶不赦之人。

反之，如果一个人话说着说着词穷了，脸也红了，这人还是蛮可爱的。"刚毅木讷，近仁"，真是如此。"巧言令色，鲜矣仁"，太会说话、词锋太甚，本来就不是好事。人当然可以言语无碍，但他生命的根本还是要有种静气，有种安详，不能老是一副滔滔不绝的模样。孔子年轻时曾问礼于老子，正因为聪明外露、词锋太甚，被老子修理了一顿。关于这段，《史记·孔子世家》只点了一下，《史记·老子韩非列传》则写得清楚明白。读完之后，只觉得孔子很了不起。孔子的了不起，在于主动求教，被老子这么"啪"的一棒之后，生命果真从此翻转了。孔子的了不起，在于他"过则勿惮改"，而不在于生下来就是个十全十美的圣人模样。

王　肖：**我有一个想法，孔子说："加我数年，五十以学《易》，可以无大过矣。"《易》讲变化，讲相互影响的关系，孔子如果早点读《易》，或许生命就会不太一样。这让我想到，孔子在鲁国大展才能时，如果一开始没有用那么刚冷的手段，最后的结果会不会不一样呢？平心而论，在鲁国那样的政治环境下，孔子一上台，就突然用这种刚冷的手段去诛杀自己觉得不道义的人，影响必然很大，反扑的力量会非常大，可能今天很少会有人想到这点。**

薛仁明：之所以没想到这点，是因为对孔子感兴趣的人，都习惯把他神圣化，不容易接受孔子会犯错。事实上，如果孔子是一个成熟的政治家，当然就不会如此操切。从这个角度来看，孔子后来的下台，多少是咎由自取。老实说，这是自作因、自受果，自作自受，不能完全归咎于鲁定公与季桓子。孔子任鲁国大司寇，摄相事，一开始风风光光、政绩卓著，如果后来没犯错，什么问题也没有，突然就莫名其妙跌了一跤，跟跄下台，这未免也太不合情理了。显然，季桓子不用他，绝非后代儒者所想象的那回事。如果我们对照当初老子对孔子的批评，就可以看到一条相似的线索。孔子年轻时就有的生命的某种急切，一直没有真正化除开。也正因如此，他后来周游列国的仆仆风尘与屡遭困厄，就是一件好事，这是上天在成全他。在这个过程中，孔子屡经挫折，才更清晰地意识到自己的局限。"五十而知天命"中的"天命"二字，关键就在于知道了自己的局限。

王　肖：也正因这一点，我觉得孔子亲切。**他的亲切就在于他曾做错事，又愿意认真地改正这个错误。**

薛仁明：有这样的成长轨迹，对于我们这种凡夫俗子，就会有很大的鼓舞力。如果孔子一出生就是个圣人，我们也只能膜拜崇敬，并没办法在他身上学到太多东西。毕竟，我们又没有他那种DNA，对不对？

王　肖：现在我快四十岁了，因为刚读了《周易》，忽然领略到其中微妙的关系，体会到圣人当时的尴尬情境，也才知道这个因果对孔子有多深远的影响。不过，很多人在讲孔子、教《论语》时，都习惯一种仰望的姿态。我们多少都把他神化了，其实，孔子本身并不是一个神一般的人。

**薛仁明**：《孔子随喜》出版后，有些纯儒者很不以为然，觉得他们仰视的孔子被我污蔑了。有趣的是，许多本来对孔子没好感的人，却因此书重新对孔子产生了敬意。我希望更多人能平视他，也喜欢他。

# 10. 好为人师真的好吗？

王　肖：从孔子说到您自己，很多人成名之后，就容易被人奉为"青年导师"，有没有读者或粉丝在跟您交流的时候，流露出特别希望从您这里得到一些解决人生困惑和问题办法的想法？

薛仁明：这是难免的。毕竟读书本来就是解决困惑、面对问题，否则读书做什么？尤其是我写的书，完全不是那种知识之书，既然与生命息息相关，读者难免就会带着困惑与问题而来。如果是在公开场合，可随便他们问，他们问什么，我就答什么。如果是私底下，我就不太回应了，比如，一般读者写邮件来问问题，我都回答得极少，一来时间有限，顾不来那么多；二来也是告诫自己不能好为人师，什么都想指导；三来其实也是做人的一个基本道理，交浅不能言深呀！我在辛庄师范上课，个别学生谈他们的问题，我的回复多半都是点到为止，长话短说，得等到上了数十堂课后，我才会展开来谈。这些问题不是不能谈，但总要对他的生

191

命状态有所了解，也得要有相当的情分才行。

真要谈，首先还是要强调自己的有限性。我何德何能，哪有那么大能耐去帮别人解决烦恼？当然，提个醒，那没问题；给个建议，也行。但是，导师不导师的，就免了吧！凭良心讲，我能导什么呢？

**王　肖：现在有很多的公共知识分子，煞有介事，真的就把自己当成人生导师，会忍不住喊着要去指导别人。**

薛仁明：这一点，我们也只能告诫自己，"人之患在好为人师"。相较起来，我有个优势，我四十几岁才成名。成名晚的好处，就是很习惯别人不把我当回事。如果知道自己不是那么一回事，对于指导别人、担负心灵导师等"重责大任"，离我都会稍微远一点。上回在台东一所小学给老师讲座，我说这三四年来，我在大陆已经讲了超过一百场讲座，在台北大概也讲了四五十场讲座，但在我所住的台东县，这却是第一场。当时台下就有人说这是"近庙欺神"，我笑着说，这不是"近庙欺神"，而是"距离产生美感"。

**王　肖：所以我特别好奇，在台湾的台东池上乡，您工作和生活的地方，那儿的乡邻，知不知道您是作家？**

薛仁明：他们不太知道。即使知道，也没有太多感觉，毕竟这离他们挺远的。同样是作家，他们也不见得分得清我和台湾网络作家九把刀有什么区别。即使分得清，他们也会认为，九把刀比我有名太多了，更重要的是，九把刀的书也比我的书好卖太多了。更多时候，他们只知道我以前是个老师，台湾的老师待遇挺好，地位也高，对于我辞掉教职，他们大概还觉得有些困惑呢!

# 第三篇

# 激活中国人的传统文化基因

# 1.传统文化不接地气吗?

王　肖：我们有优秀传统文化的底蕴，有提倡文化自信的深厚根基，依靠中国传统文化来塑造国人的文化自信，您觉得现在是时候吗?

薛仁明：请容我反问一句：如果不用中国传统文化来塑造国人的文化自信，那么要用什么? 如果现在不是时候，那何时才是时候?

我想现在这个时机，恰恰是自清朝末期逐渐丧失文化自信的一百多年来首度出现的转折点。百余年来，中国不管是什么样的思潮当道，中国文化的倾颓是一直没停止过的趋势，但这样的趋势，从这几年开始已经有了根本性的转折。《易经》中说"否极泰来"、"一阳来复"，这些年来，中国文化的的确确已从最不堪、最受轻蔑的时间点翻转了过来。当然，现在才只是开始，大家还有点半信半疑，也因为否定得太久了，一时之间要建立自信，还真有那么一点儿不习惯。不过，我很确定，要塑造国人的文化自信，势必得从中国传统文化下手，而且现在就是最好的时候。

王　肖：前两天听到一种说法，挺有意思。有人说，传统文化
　　　　不接地气，因此要孩子少接触。大陆这两年，特别喜
　　　　欢"接地气"这个词儿，不管从商、从政，还是从文，
　　　　接地气间接代表着民意、大众审美和时代意识，被放
　　　　到很高的位置。我就挺纳闷的，如果说传统文化不接
　　　　地气，那什么是接地气的呢？一百年前人人熟悉的东
　　　　西，一百年后就不接地气了吗？

薛仁明：我们分几个层次来说。

　　　　首先，我很喜欢"接地气"这个词。虽然这个词意义
　　　　有点含混，但是这无所谓，向来有生命力的东西都是
　　　　含混的；而且要有点含混才好，太精确了，有时生命
　　　　力反而不在了。现在大家喜欢谈接地气，是一件大好
　　　　事。一来可弥补宋代以后士人与民间的裂缝，二来可
　　　　以解决士民双方说不上话的困境。从根本上说，多
　　　　谈接地气，是将中国文化长久以来上下无法交流、
　　　　天地无法往复的"否"卦局面，慢慢再转成天地相交
　　　　的"泰"卦。如此一来，中国文化才能真正"否"极
　　　　"泰"来。

　　　　其次，有人说"传统文化不接地气"，这话虽不中听，
　　　　却也有一部分道理。其道理之一，是在传统的"国
　　　　学"里，尤其是宋代以后，不论宋明理学那些形而上
　　　　的心性之学，或是清代"朴学"那种考据学问，平心

而论，确实都不太接地气，也不太有生命力。这是今天我们谈传统文化、谈复兴中国文化之时，必须要虚心承认，也必须要小心避免的。其道理之二，是眼下谈传统文化的衮衮诸公，确实有一部分人谈得让人心生隔阂，不是搬弄一堆名词，说得玄之又玄，令人听得一头雾水，就是沦为说教，常常有种道貌岸然的假严肃。或是有种过于强烈的使命感，护卫心太重。不管是这其中的哪一种，总显得不够真切，让人难以亲近。正因如此，才会给人传统文化不接地气的印象。

所谓接地气，并不等同于媚俗，也不等同于迎合大众的审美和时代意识，事实上只不过是说得真切、说得让人可亲近罢了。这样的真切，是建立在中国人的文化基因基础上，人同此心、心同此理，要把当下的中国人和我们的祖先及历史牢牢地联结在一起。只有在时间的纵轴上找到了确切的位置，中国人才会有真正的生命坐标，也才算真正扎了根。扎根，就是接地气。

民间一向接地气，相比较起来，读书人容易不接地气的可能性比较大。可是，读书人能自觉，又有论述的能力，因此可以把大家可以感知却说不清的想法给说出来。所谓国学，其实就是读书人将深藏在中国人心坎里的文化基因清晰而真切地讲个明明白白。试想一下，如果你心里头有许多可以感知却说不明白的事儿，有一天终于被人给豁然点醒了，那会是多么的欢喜！

是否接地气，只与能否契入我们的文化基因有关，至于是现代或者过去，倒没有太多的关联。有许多现在流行的事物，等过阵子就没什么人再理会了。这种事物可多着呢，它虽符合当下民意、大众审美和时代意识，却很快就会烟消云散。这种事物就不能说它接地气，相反地，像京剧、昆曲这种东西，虽多是百年以上的玩意儿，目前已不是那么流行，却扎扎实实是从我们的文化基因里长出来的，这才是最接地气的。中国文化里的许多东西，都可以作如是观。

王　肖：关于"传统文化不接地气"的说法，我认为有些人是怕孩子落后，希望来点见效快的。中国文化中的很多理念、方法，跟中药、农业挺像，都需要你付出时间慢慢地体会与化用，如果急于速成，反而会适得其反。但有些父母就觉得，涵泳咀嚼、潜移默化的影响，跟今天这个时代比起来，实在太慢了。

薛仁明：对啊，刚开始时肯定会有这样的反应。可再过些时候，这种节奏上的"慢"，反而会变成一种优势。当大家都急急忙忙、惶惶不可终日时，遇到我们这种"慢"动作的人，严格来说，不是"慢"动作，而是走着"该有"的步伐，当我们什么事都不慌不忙时，反而会特别有说服力。特别是当大家温饱已逐渐不成问题，却仍得面对生命中无可避免的惶恐与焦虑时，自然而然会佩服那种生命安稳的人。仅读几本心灵鸡汤、参加几场心灵成长课，虽说可以有一时之效，但大概不会有什么大效果。即便你跟随了某位"大师"修行，好好下了一些功夫，也未必真能解决问题。生命真正的安稳，从根本上来说，更多的是源自于幼时成长环境的"涵泳咀嚼""潜移默化"。长大之后的种种努力，相较之下，其实都成效有限。因此，如果你沉得住气，让孩子不疾不徐地"涵泳咀嚼""潜移默化"，对于未来的帮助，那才是无可估量呀！

王　肖：这让我想起很久前看到的一句印度式心灵鸡汤："慢些，你会快些。"但具体到社会就业问题，现代教育注重知识、技能和实用性，培养出来的是可以用标准化度量的"人才"，那么，我们传统文化的这种心性教育，虽说可培养一个人"成人"，但现代社会所需要的知识体系，还是要现代的大学教育来完成。

薛仁明：准确地说，传统文化关心的是"教育"，现代人关心的则是"训练"。"教育"是如你所说的培养"成人"，"训练"则着眼于现实的工作需要。这两者本质上不同，但我们常常会搅成一块，现在我们常常会对大学寄予很多"教育"的期望，其实是不切实际的。

百年之前，中国不太有这个问题。当时的教育，大概就是"教育"，即使是"训练"，最多也只是针对科举考试。至于现实中各行各业的工作需要，并不需要由学校来担负这个责任。比如中药行业的老字号"北京同仁堂",他们用人当然不必从什么学校里来找寻合适的人才,直接招学徒来训练即可。后来中国受到西方工业革命之后的影响,才开始将"教育"急速地向"训练"倾斜。尤其四九年之后,大量专业性的学校成立,强调的都是"训练",越到后来学校就离"教育"越远。

从社会的需求来讲,以"训练"为主的现代大学,当然有其必要。但当学校整天"训练",逐渐远离"教育"之时,许多人读了那么多年书,却没真正受过"教育",确实是件怪事,也是桩憾事。

正因如此,我才会提议,在大学体系之外,需另外成立一个书院体系。书院的核心目的就是"教育"。所有的学生上大学前都在书院待个一年,受些"成人"的预备教育,打好基础,然后再到大学去。除了大学生之外,另外还可以有少数的书院生,他们继续在书院读书,让生命更通透,将来可担当更紧要的责任。绝大部分的人,不妨就回到大学系统,好好地读各种专业,接受各种"训练",好为将来的就业做准备。这就是书院与大学的双轨制。

王　肖:在书院学习的这一年,就是接受人文教育吗?

薛仁明:也是,也不是。现在大家都谈人文教育,可毕竟这是个西方的名词。西方的人文主义原本是为了对抗基督教的神本思想，但中国压根儿就没有基督教的神本思想背景，却讲了半天的人文，实在有点怪。我想，正本清源，我们应该回到中国传统的安身立命之学。这一年，让学生接受一些生命的熏陶与涵养，主要以经典为主，老师的重点不在于讲经解经，而在于活出经典中的生命状态。他讲了多少，其实都无所谓，可是生命一定要够通透。一般的大学生最缺少的，就是看到通透生命的典型。这样的典型比什么都重要。此外，除了经典，我们让学生也写写书法、听听中国音乐，再好好地看看戏曲，最好能跟着哼两段，也可以找个茶艺师，让大家喝喝茶，学学茶艺。文化本来就是潜移默化，是要渗透每个人身上的。今天我们大家喝一杯茶，在喝茶的当下，能够从容涵泳，对多数年轻人而言，这比你讲一大堆老子庄子，都容易接受得多。孔子说"游于艺"，书院涵养学生的生命，很要紧的一块，就是这个"艺"字。

王　肖：说到这个问题，我自己有这样的困惑：古人的平均生活水平远远没有现代人高，但我怎么老觉得无论从遣词造句、琴棋书画，乃至于生活起居的种种，今天的人都显得更庸俗呢？哪怕他穿着高级私人定制的麻本色的长衫，身处芝兰芬芳的高级会所，身后的墙上挂着十几万元一幅的唐卡，喝着几万元一斤的金骏眉，却依然显得庸俗。出现这样的矛盾，到底问题的关键在哪里？

**薛仁明：**这问题的关键是雅俗的失衡。因为失衡，自然就会落于两端，有的人极度地尚俗非雅，有的人则尚雅非俗。"文革"时期，雅的传统遭到破坏之后，精神底蕴已丧失殆尽，今天许多人崇尚的雅，一时间难以恢复底蕴，就变成了空壳子，自然会让你觉得不真实、也不舒服；甚至许多极度强调雅的人，失去了平常心，失去了生命感。

相较起来，大陆极度尚俗非雅的时代应该是过去了。现在，我反而会比较忧虑过度尚雅非俗的心态。在我看来，当初"文革"之所以有那么强烈的尚俗非雅的力道，并非偶然，背后其实是有一个历史脉络的。这是因为从宋代之后，读书人过度标举崇高理想，同时自视过高，因此便开始慢慢跟民间脱节，到了明代，这种情况更加恶化。造成这样的脱节，一方面是因为某些理学家像神似的，神圣不可侵犯；另一方面则是因为有些文人生活雅得不得了，雅到不食人间烟火，也几乎不知民间疾苦。这样的脱节状态维持到民国初年，读书人又添了一种西化的"新品位与高格调"，既与民间脱节，又觉得自己高高在上，甚至还流露出轻蔑傲慢，民间看了自然会产生反感，甚至憎恶。《易经》里面不是有一个"泰卦"吗？"地天泰"，天地相交，有交流、能感应，这才是理想的士民关系。可宋明之后，士民慢慢不能相知，天地渐渐不交，"泰卦"一变就变成了"否卦"，这样麻烦就大了。认真说起来，这其实正是后来"文革"时期对读书人、对于雅之所以有那么大的反动力量的根本原因。

宋明以后，读书人越来越四体不勤、五谷不分。现在许多知识分子的不接地气，其实正是延续着这样的一个传统。另外，有些极度尚雅非俗的人，更是直接继承晚明那种不食人间烟火的雅，他们自觉居高临下，雅到令人接受不了。我其实比较担心这种情况。

# 2.语文教师如何讲授传统文化？

王　肖：总有人拿大陆和台湾的中文教育来比较，说大陆的孩子写作文语言粗鄙。现在大陆要在学校课程中增加传统文化的比重，很多人就担心，老师们自己几乎都没有接受过传统文化的教育，怎么来教孩子？我想知道台湾的中小学国文教师，他们的国学功底普遍是怎样的？

薛仁明：两岸相互参照，对于彼此都是好事。可惜的是，现在只有大陆单方面拿台湾作比较，至于台湾，因为政治的困境，陷入了自我封闭，对于大陆国学教育这块，几乎是不闻不问。

台湾中小学的国文教师，若是五十岁以上者，国学功底一般都不错，但现在也退休大半了。如果是四十岁以下，多半会比你想象的差一点，甚至差很多。大陆孩子写作文的语言粗鄙，那是早期过度尚俗非雅的遗风所致，现在这风气已逐渐成为过去，你所说的问题，也会慢慢改变，这倒不必太过着急。

至于你所提到的语文老师怎么教的问题，记得我曾大略提过，这次可再详细说说。几年前我应邀去深圳中学做讲座，深圳中学算是广东省数一数二的重点高中。讲座那天，我先参加他们语文学科的教学研讨会，进去一看，怎么每个人面色都如此凝重呢？我想我长得没那么难看呀！后来才知道，大家之所以脸色难看，不是冲着我，而是因为正在讨论一件事：从那学期开始，每一位语文老师都得开设一门传统文化的课程。想到要开这门课，他们都"一个头两个大"，完全不知道怎么办才好。他们的情况，正如你刚刚所说，对于任何一部经典都掌握不了的老师来说，那到底又该怎么教呢？所以他们焦虑得不得了。知道这事之后，我就对他们讲，你们千万不要期待能把某一部经典讲得多么准确、多么通透，仅仅这个期待，就可以把自己给活活吓死。事实上，一部经典，即使以前你不熟悉甚至没读过，那都无妨。就从今天开始读，先看看大致意思，然后再体会哪些章句有感觉，就讲这些即可。只讲有感觉的，至于没感觉或说不清的，就先搁着，或者让学生读、让学生背，都可以。我们要知道自己的局限，不要把自己伪装成这些东西我都罩得住、我都懂。我们诚恳一点、老实一点，我们就读有感觉的东西，再讲给学生听，这些就够了。人总是要先打动自己，才能打动学生嘛！千万不要把这个课讲成是某本书怎么说、又某个人怎么解，条分缕析、排比罗列，硬将一堆资料堆砌。这么上课，就容

206

易把学生对于经典的好感给扼杀掉。与其如此，宁可不教，干脆就让学生多朗读几遍，甚至背诵，也比生硬堆砌资料强多了。

其实，很多人对于经典的好感都被老师给扼杀掉了。一般说来，大学中文系几乎都是这样的教法：一学期讲一本经典，先讲它有哪些版本，各家有什么注释，哪些人又有些什么学术成果、研究经验……单单这些，通常就花了好几个星期，可是讲了半天，常常令人纳闷：经典本身的意义呢？

大学中文系的教法，常常一开始就准备教你怎么当学究，怎么写论文。然而，这本经典到底对我们的生命有什么影响？我们该怎么从中受益？它又好在哪里？学了半天，我们却都不甚了了，这当然是本末倒置。所以我跟老师们说，你们可以直接跟学生明讲：我读了哪些内容很有感觉，我就讲这个。这就够了。经典的学问，都是为己之学。自己受用，自己有所触动，就说给别人听听，这其实是讲经典最该有的态度。毕竟，老师比学生多一点生命阅历，老师文字掌握也多一点功夫，因此整体上可能也比较清楚一点，老师把这个感觉讲给学生听，开启学生对这部经典的兴趣，这就够了。我讲完之后，那些语文老师都松了一口气！

**王　肖：**因为我以前在重点中学教书，所以特别有体会，上学其实是一件很现实、很残酷的事情。语文如果强调阅读、涵泳体会、勤奋写作，长期坚持下来，一定会有很大提高，但学校教育特别看重反馈，能有机会这样培养学生的老师并不多。而且很多人认为，以后如果不当作家，孩子的语文不一定需要多么好。这种学习的功利色彩，也实在无可指摘。

薛仁明：中国人的现实感导致学习的功利色彩，这固然有坏处，但其实也有好处，倒不需要那么费劲批评。其中的利弊互见，以后我们找机会再展开来谈。

刚刚你所说的的确是事实，但从另一个角度来想，结果却是大异其趣。以前我跟一些语文老师讲过，在所有的中学老师里，语文学科其实占一个很大的优势。如果我是个数学老师，对于同一定理，今年讲的，与明年讲的，与后年讲的，基本上一样。数学这东西，懂了就是懂了。数学的一个定理，第一次把它写清楚了，很开心；下次再写，就没什么意思；等到第三次再写，那就叫作无聊了。可是，同样是苏东坡的一篇文章，今年我读，明年又读，后年再读，每一次读，每一次都有感受，常常还会随着年龄的增长，感受更加丰富，是不是？

王　肖：有意思的是，我教完高中以后，转行做记者，见到当年教过的学生，可能是出于真心，也可能出于恭维，他们会说，高中三年学的很多知识都忘了，唯独语文课给他留下了一些东西，但具体留下了什么，其实他也说不清楚……

薛仁明：如果能说得清楚，那多半就是骗子了。世间之事，本要有点含混才好，他越说不清楚就意味着越真实。

王　肖：**我的许多学生当了爸爸妈妈之后，也会来跟我交流，说最近在看什么书。他们会觉得，语文这门课，当初学并不觉得那么重要，但回头一看，却可能是这辈子对于他们发现自己、认识生活最有帮助的一门学科。**

薛仁明：相较于英语、数学、物理、化学等比较实际、也比较功利的学科，今天语文课所读的这些文章，几乎都没什么"功效"。可是到头来，却又"功效"最大，这其实就是庄子所说的"无用之用，方为大用"。当我们从学校毕业之后，到了三四十岁，大概没几个人会把数理化的课本再拿出来翻翻，可当你没事情时，还是会读读文章。有时候，无意之间翻到以前读过的课文，不禁再读一遍，读完之后，突然感觉到，这文章原来这么有意思，怎么以前都没有发现呢！为什么？因为这些文章可以养人呀！

作为一名语文老师，最大的优势就在于你教的东西可以养人，因此历久弥新。语文课和一般学科最大的差异性是，一般学科教知识，是知道了就结束了。但语文课所讲授的文章，常常就是生活的一些感悟与体会，那是生命性的东西。这就好比看一出好戏，比如京剧《锁麟囊》，可以看个数十遍也丝毫不厌倦，因为我每次看都可以看出新意。更重要的是，我每次看都可以很开心。我上个月看，看得开心，这个月再看，依然开心。上个月的开心，完全不妨碍这回的开心，而今天的开心与昨天的开心，这也不叫重复，这叫"日日是好日"。但是，如果是知识性的东西，天天看，那当然就是重复了。重复了，自然就无趣。

我以前在中学教书，因为是乡下学校，师资力量不足，所以除了教授历史之外，学校还让我兼了九年的数学课。每届三年，头两届还挺有意思，等教到第三届时，就觉得无趣极了，赶紧跟学校声明不再教了。学校里有位被公认是王牌的数学老师，则对我说了好几回，他最想教的科目，其实是语文。

王　肖：过去很长一段时间里，尤其是中国很多的县级市，如果没有大学的话，中学语文老师通常是这个城市最有文化的人，他们会关心这个城市的历史、人文，会去琢磨这方水土与人的关系，在很大程度上他们是家庭之外向孩子传递原乡情最重要的人。但是随着城镇化的进程，人们和土地之间的关系越来越远，似乎就只剩下美食这条纽带了，所以这两年美食纪录片异常火爆，您有没注意到这个现象？

薛仁明：有呀！我在飞机上看过几集《舌尖上的中国》，拍得很好，几次都为之动容。说起中国人与食物这种强大的纽带，台湾国光剧团的艺术总监王安祈曾说过一个故事，非常感人。那是她母亲过世的前一刻，曾经有那么一瞬间，母亲泛起了笑容，有阵呓语，王安祈凑过去，分明听见："饺子要什么馅儿？大白菜还是高丽菜？"当下，王安祈就知道母亲要走了，游离的灵魂回顾一生的旅程，检选出最温馨的瞬间，驻足凝眸，然后定格，就定格在一家人围炉剁馅儿包饺子的片刻。

我听到这段故事，觉得真是庄严。中国人对于吃食之事的珍重，其实贯穿在我们整个文化传统里。不过，中国人与食物这种强大的纽带，固然有着对现世的极度珍重，可凡事一利一弊，稍有不小心就会耽溺于各种口腹之欲。尤其整个社会富裕之后，大家开始有能力满足、进而四处追求口腹之欲时。中国人的这种长处，极可能会转变成一种很麻烦的缺点。这麻烦，还不仅仅是因口腹之欲吃出一身病、吃出一堆问题，更在于那样的耽溺口腹之欲，其实并不祥。

有一年"十一"我去昆山讲座，听学生说，每年这个时候，一到周休假日，昆山的宾馆总是爆满，因为有来自各地准备大啖大闸蟹的饕客。我看到这些不远千里而来的饕客，一则心生佩服，二则也多少有点感慨。我这学生本来也安排我去吃大闸蟹，可一来我感冒，二来我因皮肤敏感，平常也少吃虾蟹之类的发物，因此就婉拒了。我笑着说，每逢入秋，当人们总想着吃大闸蟹之时，如果让我这种"乡下人"想些食物，不外乎就是栗子、莲藕、山药、菱角等诸如此类的，反正就是一些最家常的东西。中国人对食物的看重，必须要建立在刚刚所引的王安祈母亲"饺子要什么馅儿？大白菜还是高丽菜？"这种"家常"的基础上，才不容易"走火入魔"，也不会吃出大问题。

# 3.如何正确看待中国传统文化?

王　肖：现在政府已经通过制度和政策来推行传统文化，但社
　　　　会上有一些声音不是特别地赞同，或者说不是特别地
　　　　积极，某些打着科学主义至上、西方文明先进的人
　　　　甚至还有些仇视态度，您觉得这里头的根本原因是
　　　　什么？

薛仁明：根本原因是他们以前的知识结构啊！他们原先所受的
　　　　教育，早已经把传统文化那一套给彻底否定了……

　　　　反传统，甚至是极度地反传统，早已变成他们的意识
　　　　形态了。这些人被这种意识形态禁锢得最为彻底，连
　　　　挣脱、怀疑的能力都没有，可偏偏他们谈什么都特别
　　　　义正词严，又最喜欢标榜所谓的"独立思考"。

　　　　目前大家谈中国文化时，都免不了要背负百年来从没
　　　　解决的问题；要么就是延续反传统这条路，继续"思
　　　　考"、继续"批判"；要么就是站在相反的立场，继
　　　　续"反击"、继续"捍卫"。结果，就变成了庄子所说

的"此亦一是非，彼亦一是非"，是是非非，没完没了，两边看起来针锋相对，骨子里却有种一模一样的偏执。

我特别不喜欢这种偏执。目前激烈反传统的人，每天就紧咬着那几个词不放，有时听听，还真"佩服"他们那股"毅力"。比如，上回《北京晨报》的副刊主任采访我，谈到祭祀的问题，就拿某些反传统的知识分子的质疑来问我，每天早晚三炷香，难道不是一件很愚昧的事情吗？我一听，觉得非常有趣，也真有点"不知今夕何夕"，于是就笑着跟他说，今天在中国台湾、中国香港、东南亚的华人，甚至包括韩国、日本在内，每天早晚三炷香的人，可多着呢！这些反传统的知识分子难道好意思说这些地区的人都是愚昧的吗？这样的说法，也太奇怪、太偏执了吧？

**王　　肖：像我无论去哪个地方，总想去当地的寺庙走走看看，想必是他们眼中的傻妞了。**

薛仁明：是呀，就由他们说吧！

这些反传统的知识分子最喜欢标榜"独立思考"，却常常是被洗脑洗得最彻底的一群人。上回我在立人大学开设讲座，题目是《从孔子到胡兰成看中国文化的气象》。讲座结束，第一个提问的是个中年男子，他对于我谈胡先生没什么意见，但一提起孔子，整个人就好像刺猬一样，一下子就弹了起来。他便用以前教科书里那套说辞，如封建啦、保守啦、专制啦，噼里啪啦骂了一堆，结果，他讲，我就听。等他讲完，我不着边际地敷衍两句，就糊弄过去了。

在此之前的一个月，我在南京师范大学开设讲座，讲到台湾民间保存的某些中华文化。有个学生举手发言，说他不同意我的看法，然后引用巴金的说法，讲到中国民间以前是如何如何地愚昧。我笑着听他讲完，只淡淡地说了一句：你被教育得蛮成功，挺好，挺好。

王　肖：**自2011年以来，您以孔子、《史记》、中国文化为主题，在大陆办了超过百场的讲座，即便是大陆研究国学的学者，有机会像您这样一次次地面对读者、与他们直接往来的，其实并不多。一次次讲演下来，您的读者主要由哪些人构成的？遇到的读者众生相，是否可以做一些总结和解读？**

薛仁明：准确地讲，多半都是听者，而非读者。因为台下的听众，事先读过我的书的人其实并不多，最多就只是读过其中的一小部分。

这些听者，除了刚刚所提到的立人大学那位批孔的中年人、南京师范大学那位说中国民间愚昧的学生之外，我还特别记得，更早之前，在浙江金华遇到了一个年长的愤青。那回我在讲座中提到，台湾与大陆二十岁这辈人相比较，大陆年青一辈对中国文化的掌握，其实已经超过了台湾，这一方面是因为大陆年轻人没有上一辈的反传统包袱，另一方面是台湾这二十年的"去中国化"把年轻一辈给牺牲了。语方落定，这位五十岁上下的男子突然就激动地站了起来，拍着桌子，怒斥："我完全不能接受你的说法，我绝对不相信，以目前大陆的体制，培养出来的年轻人会比台湾好？你根本是在颠倒是非、胡说八道！"主持人请他坐下，也几乎劝不动。最后，等我讲完了，因接着还有当地报纸的联合采访，我就到后面的休息室去了。到了休息室，我一边接受采访，还一边听到那人在外面拍桌子呢！

不过，类似的状况其实不多。偶尔遇到还觉得挺好玩的。当然，刚刚所提到的这种人，在现今大陆，其实不算太少。但是，这种人基本上不会参加我的讲座，单单看我的题目，看看我的状态，大概就提不起劲了。

遇到这种状况，其实我也不会有太多回应的。老实说，这哪里是理性说服的问题？你跟他针锋相对，多半就是徒费力气；谁都说服不了谁，多半就是增添愤戾之气，除了徒费唇舌、浪费时间之外，对谁都没有好处。凭良心讲，面对固执性这么强的人，我自己何德何能，哪有能耐改变得了他？既然如此，就由他去吧！

我在大陆开了这么多场讲座，觉得最有意思的是许多提问人的热切与真诚，的确超出了我的想象。他们的反应比我原先预料的好很多。绝大部分的讲座，几乎都会遇到几个很真切的问题，通过这些问题，我感觉到整个大陆，尤其是三十岁上下的年轻一辈，当他们有了一些生命阅历之后，内心深处有种呼之欲出的东西，的确比我想象得更强大。因为呼之欲出，所以经我一提点，他整个人就被触动了。这样的触动，其实已超出一场讲座正常该有的强度。我觉得这恰恰是因为大陆正处于一个很特殊的时间点。这样的时间点，恰是许多人对该有的生命状态不那么清楚，但偏偏又容易有感觉的时候。如果大家都清楚了，我再来说，就是老生常谈了。如果大家都漠不关心，我再怎么使劲，也等于白说。

目前这种不那么清楚却又很有感觉的状态，恰好是当下整个中国文化的真实状态。正因为这样的状态越来越普遍，我这回在辛庄师范上课，不论是学校的学生，或是旁听的学员，整体的反应才会那么好。凭良心讲，一开始我挺意外的，比如我讲《史记》时，学生整体的古文能力未必有多好，可说实话，我一点儿都不介意，因为我不是大学的讲法，讲的重点也不在这里。但当我从《史记》中的人物展开来谈，一拉回到生命的体会时，就发现学生的共鸣真是异常的大。对于这一点，我非常惊讶。这些年我往返于两岸，很清楚地知道，如果是在台湾，面对一群像辛庄师范那样二十几岁到四十来岁的人来谈这些东西，大概很难有如此巨大的回响。

王　肖：我知道2014年您往来奔波于两岸，其实是有一项重要任务，就是给北京辛庄师范的学生讲学，虽然这所民办学校的学生并不多。这些年来，我们看到有关当年木心在美国给陈丹青他们上小课、阿城在大陆给中央美院的学生上小课的书都出版了，人们对小课的内容颇为好奇。现在学习的途径很多，电子时代也有诸多便利，您觉得这种上小课的形式，魅力到底在哪里？辛庄师范的学生主要都来自哪里？

薛仁明：真要说这种上小课的魅力，无非就是老师上课能够不拘一格，不必被一些无聊的框框架架给困住，能说得淋漓尽致些罢了！另外，来听课的人主动性强、学习意愿也高，在共鸣共振之下，整体的氛围与气场，都使得上课的效果特别好。

至于辛庄师范，如果是十年前成立，整体的上课状态肯定不会有现在的景象。辛庄师范有些旁听的学员本来打算移民国外，他们的想法是，即使要出去，也得先打下中国文化的基础。这样的意识，一方面是整个中国开始有了一定的自信，另一方面则是中国人的确需要中国文化来支撑，否则无论走到天涯海角，生命都还是无法安顿的。

在这样的历史气运之下，中国文化开始否极泰来，于是才有我刚刚所说的"不那么清楚却又很有感觉"的状态。辛庄师范就是兼有如此状态又如你所说的"上小课"的一个学习场域。具体说来，辛庄师范原来是华德福学校为了培训中学师资所成立的一所学校。所谓"华德福"，是源于德国的一种教育体系，是一种以人为本，注重身体和心灵整体健康和谐发展的全人教育。真要说特殊，就特殊在辛庄师范创办人黄明雨老师眼光独具，他觉得华德福学校倘若要在中国落地生根，必然要与中国文化相结合才行，于是他就开设了大量非学院、非知解、重实感的中国文化课程。辛庄师范目前除了华德福教育圈子之外，也受到社会的某些关注，这些关注，显然与学校强调生命实感的中国文化课程息息相关。

至于辛庄师范的学生，总共只有二十几个人。当时年龄最小的二十三岁，最长的四十来岁，以来自北京、河北的居多，其余则从各省而来，最远的来自广州。他们有些是因为华德福教育而来，有些则冲着中国文化而来，有些则两者兼有。

王　肖：您在台北书院也授课，有没有比较过您在两岸的"学生"？在我们惯常的印象里，台湾青少年对国学的学习、化用和整体兴趣都是高于大陆的。

薛仁明：我在两岸的"学生"，都早已不是青少年了。

辛庄师范刚刚已提过，至于台北书院，学生年纪相对更大一些。他们有些是大学教授，有些是企业主管，另外还有退休教师，多半都五十岁以上。除此之外，还有企业白领、学校老师、电台主持人，平均都有四十多岁。不到四十岁的没几个。至于在学的本科生，只有一个台大外文系的大四女生。

千万别高估当下一般台湾青少年对于国学的学习、化用和整体的兴趣。台湾年轻人对于台北书院这种充满中国文化氛围的地方，基本上是没兴趣的。下回你如果遇见曾经到台湾当过交换生的大陆年轻人，不妨问问他们的实际观察与体会，或许会对于眼下台湾年轻人的国学程度有些真实感受。

**王　肖：** 我认识多年来在澳洲和大陆传播国学的刘宏毅老师，他在北京郊区建有自己的私塾，给大学生和中学生讲授《大学》和《中庸》。他们每年组织学生夏令营，行走"圣人的足迹""丝绸之路""寻根之旅"，学员最开始来自即将出国的孩子。后来，有许多从国外回来过暑假的孩子，也特意参加他们的夏令营，希望能打好中国文化的底子。

薛仁明：这就和刚刚所提到的辛庄师范那些打算移民国外的旁听学员情况相近了，只不过辛庄师范的旁听学员更为彻底，他们不只指望下一代，还先从自己做起。

至于你所提到的从国外回来过暑假特意去参加中国文化夏令营现象，倒让我想起我以前在金门开设讲座时遇到的一件事。那天的题目是《文化基因和生命安顿》，讲完之后，一位金门大学教授的太太，拉着她先生急切地要找我谈谈。她之所以急切，是因为我的讲座触动了她的某根敏感神经，造成了某种"焦躁"。她有两个小孩，都送到美国念书，大儿子读高中，小儿子念初中。原先她很替大儿子着急，因为大儿子到美国后，英文始终学不好，反而很认真地学中文。至于小儿子，恰恰相反，一下子就把英文学得纯熟，中文几乎抛到九霄云外了。她本来很庆幸有小儿子可以做哥哥的示范，以利于早些融入美国的社会。但听完我的讲座之后，才发现事情没那么简单，假如孩子真的融入了美国社会，是福是祸，还真是未定之天。尤其是她那个把中文丢到九霄云外的小儿子，将来会变成什么德行，可真没人说得准。因此她才突然紧张了起来。

就移民这件事来说，两岸确实有个时间差。以台湾目前的状况而言，移民美国的最高峰已经过了。我记得二十几年前，如果有人要移民美国，多半会大张旗鼓，事先周知亲朋好友。一方面是人情之常，总要道个别；另一方面则或多或少带着某种炫耀心情，意味着他要"衣锦离乡"了。

有趣的是，这些年来，台湾高调出去的人变少了，低调回来的人却多了。我没查过，但挺好奇，这些年移民到西方的人数，进进出出的情况究竟如何。说实话，台湾这二十年来的经济发展并不好，尤其近十年，算是挺差的。可假使你真的到欧美去，面对整个西方开始走下坡的态势，如果还维持着原来仰着头看西方的姿态，确实有些不合时宜。当大家学会平视西方时，能够回头看自己文化的人便开始多起来了。

# 4.什么样的生死教育最有效？

王　肖：上小课这种形式最传统不过了，就是老师讲、学生听，几乎没有互动、讨论，即使交流也多半是在课下。有一段时间，大陆的教学特别强调互动性，我想这应该是看到西方的教学在课堂上非常活泼所致。且不说西方的课堂是否全然如此，但是所有课堂真的必须如此互动与讨论吗？您在台湾的基础教育中，有没有发现特别水土不服的部分？

薛仁明：水土不服的东西可多了。但凡目前教育部门所强调的，几乎都有这样的问题。只要是需要费劲来说的，基本上都与我们的文化基因多有扞格，否则只要一说，大家就欢喜奉行了，又何必一说再说？

比如你所说的上课强调互动、讨论就是一个例子。我常提醒老师，别每回都要学生互动、讨论，也别老是要学生提问题。今天换成是你，多半也只是静静地坐在底下倾听，是不是？这样安静的倾听者，其实很好，有这样的倾听者，才是课堂最大的稳定力量。有时候课堂当然需要互动、讨论，但更多时候，其实更需要一个个专注的倾听者。尤其面对比较年轻的学生，老鼓励他们发言互动，一不小心，上课就容易失去焦点，这还算小事；如果不知不觉中助长了他们的轻慢心，那才是大麻烦。凭良心讲，他们年龄还那么小，遇到纯知识性的问题也就罢了，如果涉及生命的层次，他们哪有什么生命经验与阅历可以来"互动""讨论"呢？

我其实挺喜欢课后让听众提问的，但课堂中途被打断，我就不允许了。即使课后提问，有时候还是会遇到一些特别急于发言的人，他们其实并不关心你到底说了什么，只是想借这个场合来满足发表欲、或者想从你的口中得到他想要的答案罢了。也有人会螺旋般地不断追问，看似好学深思，实则只是深陷某种纠结，你再怎么多说，都对他无效。这样的貌似"互动""讨论"，多半只是浪费时间。

王　肖：**您觉得不靠谱的原因，是因为东西方的表达方式本身有差异吗？比如对待亲情、爱情的态度，对待生死的态度，其实情感表达方式的背后就是文化的差异。我看您之前也提到台湾比较郑重的生死教育，但效果甚微。**

薛仁明：一般人对于生死的态度，要不就受民间传统的影响，要不就牵涉宗教。那些学者所谈的生死教育，对一般人很少有什么影响。

王　肖：**您是比较排斥学者所谈的生死教育这种模式吗？**

224

薛仁明： 他们所谓的生死教育，包括生死学，都是建立在概念上。问题是，生死哪里只是概念？那是我们每个人都得面对再严酷也不过的真实问题呀！有时候概念越多，将来反而越容易纠结。生命的问题，不是光凭着思索和概念就能解决的。你告诉自己不要怕死、死了只是如何如何，说得再头头是道，概念再清晰明白，真到了最后关卡，你一样会茫然、会不知所措，对不对？

1999年，台湾发生了"9·21"南投地震。当时的灾情惨重，政府为了抚平灾民的心灵创伤，派了大量的心理医生赶赴灾区。刚开始，部分灾民还真的去找这些心理医生，可去了几回之后，大家觉得没用，就都不去了。后来，信佛的去了佛寺；有民间信仰的就去居家附近的庙宇。该拜佛的拜佛，该烧香的烧香，不然就由法师开示，或者让庙祝"收收惊"，不多久，灾民内心就平复了。

我要说的重点是，面对生死问题，传统的做法其实有其可贵之处，也有其强大的有效性。今天如果我们不虚心以对，反而动辄轻蔑之，以为现代的想法与机制必定会比过去的优越，如此轻佻与傲慢，对于问题的解决其实一点儿帮助也没有。

比如就死亡这件事，台湾的医院变得异常强势。在医院的庞大体制之下，病人及家属都非常渺小脆弱，几乎都是医生说了算。大家知道，在传统思想里，不管怎么样，人总要死在家里，安安详详地走，讲究寿终正寝。可今天人在临终之前，在商业机制之下，许多过度的医疗，假借救治之名，总要让病人饱受摧残与折磨，插一堆管子，搞得死者不安、生者不宁。这明明是对生命的极不尊重，他们还自诩医疗发达。

王　肖：前两年，有一部日本电影叫《入殓师》，对很多人的触动很大。电影讲述的是，日本有这样一种职业，在死者去世之后、入殓之前给他化妆、穿新衣服，让他在生命的最后一刻得以被温柔对待，死得有尊严。相比之下，很多人感觉中国人在这方面做得比较简略，早年间仪式还挺多，现在有了医院就简略多了。

薛仁明：有了医院，有了殡仪馆之后，人在这世界的最后一程，就变得日益难堪与潦草。孟子说："养生者不足以当大事，惟送死可以当大事。"自从科学主义凌驾于一切之上之后，人与人在心理上、情感上的联系，乃至于人跟天地的联系，被一点一滴瓦解之后，死者就只是一具尸体。既然只是一具尸体，那怎么处理不都一样吗？从此，"送死"这件事，就再也不是什么大事。

王　肖：我记得五六岁时，在外婆家参加过一个葬礼，死者应该是村子里一个德高望重的老爷爷或老奶奶去世了。出殡那日，因为讲究时辰，无论刮风下雪都得出行。首先绕村子一圈，然后大约走了三里地，转到一个山坡上去安葬。在这段路程上，差不多半个村子的人都跟着走，一个十分庞大的队伍，前面人抬着棺材，有人在哭，有人扔纸钱，有人吹唢呐，有人放鞭炮。送葬的队伍越壮大，说明这个人在村子里越受敬重。我妈妈说，我外公死的时候，几乎整个村子里的人都来参加出殡仪式。

前年，我在北京参加一个朋友的奶奶的葬礼，形式非常粗糙，医院太平间旁边有个小平房，一大早，骨灰盒就安放在那里，前来吊唁的人鞠三个躬，都顾不上相互打个招呼，匆匆忙忙的，就又要赶到八宝山送逝者入土为安。整个过程特别的潦草，与我小时候的记忆也就隔了这么二十来年的时间。

薛仁明：这里头，固然是因为隔了二十来年，但也有区域上的差别。就我所知，大陆有些更乡下的地方，直到如今，丧礼都还是挺慎重的。说实话，大陆现在要复兴传统文化，首先就该把这慎重的丧礼宣而扬之、广而告之，绝不该如某些颟顸无知、与传统文化完全脱节的地方官员一般，不仅不知要鼓励，反过来还打压这些慎重其事的百姓。

丧礼当然不能过于铺张与浪费，但一定程度的慎重则是必要的。到目前为止，台湾大部分的丧礼还算慎重。民间一直重视这件事，很有古风。可是，许多受西方物质社会影响的知识分子，仍会告诉你一切从简。简不是不好，但如果过简，就难免会伤了大根大本。

这其实是以小德害大义，也是不知本末、因小失大。

早在春秋战国时代墨家就主张薄葬，虽然喧腾一时、影响颇大，可终究无法撼动中国人对送终这件大事的慎重之情。此后的两千多年，正因为中国人重视丧礼，才使得即使是平常百姓，一生也都显得厚重且有分量。而今许多中国人之所以活得轻飘飘，感觉价值虚空，部分原因就在于过度薄葬所带来的后遗症。当然，最根本的原因，还是我们整个教育体制中过度的西方化。

王　肖：说回中国人对西方教育的水土不服。其实在我们的表达习惯里，凡事讲究含蓄委婉，最典型的例子就是戏曲。比如越剧《梁祝十八相送》，祝英台不好意思直接说我是女生，就一路打比方，连一般观众都看出了这连环暗示，就梁山伯傻傻呆呆的。但是，这戏一经流传下来，老百姓还是看得不亦乐乎。我想类似的东西，作为中国人的文化基因，一直都在影响着我们。

薛仁明：是呀，这样的文化基因，一直都在，可惜我们的教育老是视而不见，都在教一些与我们的文化基因大相径庭的东西。比如我多次跟学校的老师说，明年开始，千万别在母亲节要求学生回去跟妈妈说"妈妈我爱你"。千万别再做这种事，这是残害中国文化、是反教育呀！

毕竟，这种表达是西方式的，并不是中国人情感的正常表达方式。中国人的情感表达，本来就讲究"含蓄""委婉"，越亲近的人，对其的情感表达越弯弯曲曲，有时甚至无声胜有声。讲究心领神会嘛！

我以前在中学教书，每回看到学校使劲地倡导学生在母亲节对母亲说"妈妈我爱你"之类的话，就觉得头痛。台湾的教育向来西化，类似的宣导早已进行了几十年。后来我心血来潮，决定在母亲节过后，到每个班级进行调查，看看在学校"谆谆教诲"之下，到底成效如何。结果一问，回去果真对妈妈说"我爱你"的，每个班级大概就三到五人。一件事教了这么多年，仍然有那么多人我行我素，怎么都改变不了，这恰能证明台湾教育的失败。可话说回来，这同时也证明学生身上的中国文化基因竟然强大到学校怎么教都撼动不了的地步，大家骨子里到底是中国人。

王　肖：我记得以前有个电视公益广告，每天回家，儿媳妇总会帮家里老人洗脚，而这一幕，儿媳妇的小儿子都看在眼里。后来，儿媳妇生病了，也可能是工作劳累了，回到家，坐下之后，发现她那走路还不太稳的儿子颤颤巍巍地端着一盆水，走到她跟前，说："妈妈洗脚。"这就是中国式的身教。

薛仁明：是呀！这就非常的好，这就是中国人的情感表达方式。这时候说多了反而不好。不说，最真切。儒家向来强调的身教重于言教，道家所说的大化无形，其实都是在提醒大家语言的有限性。生命里最根柢的东西，常常是无声胜有声，重点在于如何心领神会。

# 5.权术是中国传统文化的一部分吗?

王　肖：前一段时间，影视剧《甄嬛传》热播，不知您看过没有？不知您有没有关注到中国传统文化中对权术迷恋的内容？当然若论权术，《甄嬛传》算是小儿科，但影视剧喜欢将之放大，注入普通人的生活中，好像有中国人的地方，就一定有权谋一样。后来《甄嬛传》在美国遇冷，就说这部作品没有传递正确的价值观云云。我记得2001年影视剧《康熙王朝》播出的时候，有人就提出这样的疑问，权术算是中国传统文化的一部分么？如果算的话，算是文化当中的糟粕吗？十多年过去，这个问题依然在回响。

薛仁明：《甄嬛传》之所以在美国遇冷，如果硬要说成这部作品没有传递正确的价值观，这当然很可笑。那些热卖的美剧与好莱坞电影，它们的价值观就多么"正确"了吗？说白了，那不过就是文化基因的问题。这种权术，不管是尔虞我诈，人情世故，抑或机智活泼，中国人都可以看得津津有味，可是美国人却怎么都看不习惯。美国民族的特点在于单纯，但这种单纯，有时候就显得天真。不管如何，他们看不习惯《甄嬛传》，大概他们对于《三国演义》也不会有多大的兴趣。

我对权术的看法，相较于大部分谈中国文化的人而言，算是挺不一样的。一般说来，台面上谈中国文化、对传统文化有深厚情感的人，对于权术这东西，多半是不屑一顾的。可我不这么看。

我觉得，权术是中国文化很重要的一部分。权术既不是糟粕，也不是精华。我常常强调一点，把中国文化强行分成精华和糟粕，这样的二分法典型是西方式观点。中国形而下和形而上的东西是一体的，精华和糟粕也是一体的。关键看你怎么用。如果用得对，权术即使不是经国之大用，至少也是人情之练达。如果用得不对，就是钩心斗角、自误误人，最后弄得谁都没有好下场。问题的关键不是权术，而是人的心量。

你心量大，权术就可以是大机大用。这样的机用，其实是对所有人、事、时、地、物的精准掌握，进而又有一种游戏变化。如果没有这样的机用，不仅成不了事，常常还会让自己身陷险境。不知机用的人，顶多只能当个烂好人，在太平盛世时，当然没什么问题，可在动荡的时代里，可能会死得不明不白。在大陆，大家对于《甄嬛传》的热衷，对于权术的共鸣之所以那么强大，其实也是源自近代以来旧社会的动荡不安所导致的内心需求。在过去比较严酷的环境下，对很多人而言，追求自保是最现实也最迫切的问题；既要自保，就得知深知浅；既要自保，就得知道波涛风险之所在。就某个程度而言，这其实是历史的一种拨弄，没什么好苛责的。《论语》中有云："如得其情，则哀矜而勿喜。"我们对于许多人的自保心情，亦应作如是观。

相较起来，台湾人的心思大多比较单纯；当然，心思复杂的人也比比皆是。这样的单纯，有利有弊。好处是和这种人交往比较轻松。许多大陆朋友喜欢到台湾自由行，除了台湾人的宽厚善良之外，恐怕也因为台湾社会普遍都不设防，相处起来，一点儿都不紧张。可这样的单纯，弊病就在于常常没办法把事情考虑得周全，一不小心就成了浅碟子。这样的浅碟子，使得凡事看不大、想不远，老在一些眼前的小事上打转。这些年台湾的民主化，又进一步助长了这样的短视。

至于大陆，毕竟这么大的地方，这么久的历史，阅人既多，涉世又深，"逢人只说三分话，未可全抛一片心"，如此不显山、不露水，胸中却自有丘壑，本来是一体两面。弄得好，就是气象万千；弄得不好，就是心机重重。说到底，权术这东西，贵在能入能出。如果对它一窍不通，就谈不上什么大机大用；如果老是想着它，就难免被它所缚，活得一点都不痛快；如果能入能出，生命就会有气象，你就进可成事，退不受困。

至于《甄嬛传》这部剧，我看过几集，拍得挺好，我并不讨厌。但如果叫我全部看完，确实兴趣不大。毕竟，如你所说，若论权术,《甄嬛传》还只能算是小儿科。况且权术只是生命的一部分，人不能老是盯着看、绕着转，不然人生多没意思呀!

# 6.中华文化的精髓是什么？

王　肖：说起中国文化的自信，我相信您所认识的师友中，这
　　　　方面有做得很好的，例如艺术家王三庆、陆咏夫妇。
　　　　至于林谷芳老师，自是不消说。当然，还有食养山房
　　　　的主人，您大陆的朋友、长沙的百颐堂堂主等，也特
　　　　别让人赞叹。我所说的很好，就是能把中国文化中的
　　　　琴棋书画与贴近大地、照见生命底色的东西很好地结
　　　　合起来。

薛仁明：那回我带百颐堂堂主去食养山房，他除了慕名而去之
　　　　外，还有一个目的，百颐堂要扩大规模，打算做人文
　　　　空间，因此想学习参考。后来我提醒百颐堂堂主，食
　　　　养山房有个特色，目前在大陆可能还比较少见。食养
　　　　山房有很多的细节都做得很到位，这所有的细节都有
　　　　着内在的联系。换句话说，食养山房的到位是一种整
　　　　体的到位，不像许多同行，固然可以把某部分做得很
　　　　好，甚至做得很极致，但另外某些部分常常有种不协
　　　　调、甚至突兀感。乍一看，会觉得彼此不搭调。比如

服务员穿的衣服，食养山房有种一体感，跟食养山房的整个调性很吻合，跟空间摆设和音乐都很一致。很多看起来很古雅的茶馆，家具挺好的，茶也挺好的，但音乐常常不对，尤其服务员一走出来，甚至会有种错乱感。

当然，食养山房最关键的，肯定是主人。那天我们吃过了晚饭，食养山房主人请我们喝茶，一直喝到深夜十一点。座中除了百颐堂堂主夫妇之外，另有一对同行的长沙夫妇。那位先生是个企业家，后来很认真地对食养山房主人说，他来食养山房所见的一切都很喜欢，也很有感觉，可最大的震撼，却是来自主人。现在食养山房在大陆如雷贯耳，他老听到食养山房有多好多好，原先心里想着，一家店能做到如此声名远播，其主人肯定是一个非常杰出的企业家。结果真看到了食养山房主人才发现，这哪里是一个企业家？一点儿企业家的味道都没有，一看到他，就觉得他是个修行人。食养山房主人穿着布衣，请人喝茶时，话很少，就是坐着喝茶，不习惯热闹地招呼别人，也不会做到宾主尽欢。他话很少，只要一待着，整个空间就变得异常沉静。

那天我们去食养山房的茶室，同行的作家胡茵梦一看到那个空间，便说这地方的气场真好，当场就打了一段太极。胡茵梦对气场很敏感，那茶室的气场其实是跟食养山房主人的沉静息息相关的。

食养山房每天高朋盛友络绎不绝，什么高手都有。食养山房的主人每次听完这些客人的高谈阔论，总会笑一下，说道，这些我都不懂，这些我都不会。事实上，他不是客套，而是真的不懂，也真的不会。可是，正如我常常强调的，我们现代人对于多才多艺，对于懂什么、会什么，确实都有太多的迷思。我们没办法安于我们的不懂，也没办法安于我们的不会。因为我们不安，所以对于别人的懂，对于别人的会，反而没办法心平气和地去领略人家的好。正因如此，你会看到很多人装腔作势，什么东西都得发表一点儿意见，总想让人家知道他也懂。换句话说，他跟别人说话的过程中，其实心中是多有不安的。人跟人之间的交流，最初的目的应该不是这样子的。因此，我们回头看食养山房主人笑着说这我也不懂、那我也不会，其实正映现出一种心平气和与根柢的安稳。正因有这样的平和与安稳，后来才能成就食养山房。

王　肖：我记得2013年，大陆著名歌唱家龚琳娜去您家里做客，后来您来北京，又去她家里做客。其实我蛮好奇的，一开始您提到她的时候，我在想，你们两个怎么可能有交集？但后来想想，从她唱《静夜思》和《走生命的路》中体现出的传统底蕴，以及神曲《忐忑》中表现出的那种游戏感来看，可能你们之间还真的有一些相近的态度。

薛仁明：刚开始时，我还真不知道谁是龚琳娜，只是模模糊糊听过这个名字。朋友带她来时，提到她的名字，我仍没太当一回事。那回，她们是来池上看云门舞集的《稻禾》演出，云门舞集是台湾第一职业舞团，顺道我就请她们过来吃个中饭。琳娜那天穿的衣服有点像表演服，亮亮的，我看了没啥感觉。后来她问我有没有电脑，要让我看一段视频，结果一看完，我就肃然起敬了。她给我看她唱的《志忑》，我听到她唱第一段，当下服气，等到看完她一口气唱了五个剧种，我想，这家伙太厉害了吧！那时，我的小儿子薛朴和他的两个姐姐眼睛也都亮了起来。我对琳娜说："今天你可来对了！"

那天，她们在去看云门舞集演出前，琳娜问我："薛老师不去看吗？"我说："我对云门舞集的看法，跟大家的看法不太一样。云门舞集在台湾是个神话，几乎是不能公开批评的。如果公开批评，大概会犯众怒。你看吧，我不多说。"

两个小时后，我去接她，一上车，她就说："薛老师，你说得是对的！"龚琳娜这次到台湾的目的之一，就是看云门舞集的演出。云门舞集被她看成是台湾一个极重要的文化标志，可她在现场一看，却发现似乎有出入。云门舞集这次的舞码《稻禾》，是以池上的稻田为主题，可真正在池上美丽云山与稻田的背景之下，舞蹈就失色了，甚至还有一种突兀感，因为它与自然环境并没能真正融合。

后来我跟琳娜讲，如果当真是中国的舞蹈，今天在这个场域表演，不仅不会扣分，还会有加分的效果。台湾有个表演团体，名叫"优人神鼓"，他们训练的过程，其实就是一种修行，根柢是东方的。我曾经夜里在台北阳明山中山楼的山谷看他们打鼓，中山楼旁边没有任何建筑物，整个深山空谷里，听到那么多的鼓"咚咚咚"地响着，真觉得整个的天地山川灵气都与这样的鼓声融为一体了，内心深处、五脏六腑都有种震动。听了"优人神鼓"的鼓声，会让你觉得阳明山更有灵气，甚至更有神圣感。

可是，那天在池上漂亮云山与稻田的衬托之下，跳也好，舞也罢，并不会让池上的云山与稻田显得更加动人。热闹当然是有，话题也当然会有，可说到底，云门舞集的演出也不过就是在稻田里搭个台子，跳自己想象的《稻禾》罢了。那天在稻田里，男舞者、女舞者那样的舞动，身体那样的扭曲，那种现代舞的线条，在我这种在池上看了二十余年稻田的人看来，实在跟稻田、跟池上一点儿关系都没有。

云门舞集擅长用东方元素，也娴熟地运用各种中国符号，透过种种突出的美术设计，很容易让人感觉到一种中国文化的氛围。但他们最根本的问题，则是四个字——西体中用。西方是根本，中国则是气氛、元素与设计。

云门舞集作为一个舞蹈团体，身体线条是他们的根本，也就是他们的"体"。他们的"体"是什么？是西方现代舞的身体线条。你单单看舞者穿着紧身衣，舞动着那种西方式挣扎、扭曲的身体线条，就知道和真正的中国舞蹈完全不是一回事。

凭良心讲，舞蹈这事可能还是我们家小孩看得准。在池上正式演出的前一天，云门舞集安排了一个场次给池上乡民与学生，因此我家仁孩子也去看了。孩子们对《稻禾》的现代舞线条没有感觉，薛朴甚至觉得无聊。真让他们说，当天只有"渡海"一个段落好看。"渡海"是云门舞集著名舞剧《薪传》的一折，讲述数百年前台湾人祖先从大陆唐山迁到台湾之事。他们之所以觉得"渡海"这一折好看，其实就是因为舞者穿着以前的那种唐装，而不是紧身衣。再者，舞者拿着祖先的神位，那些动作、那些线条、那些形象，对于小孩来讲，都是中国的，也都很亲切。换句话说，这折舞之所以让孩子喜欢，其实就在于外在的文化符号与内在的舞者服装以及肢体有着比较强烈的一致感。

云门舞集最擅长的，是透过种种的美术设计，用强烈的视觉效果给大家一种震撼，可是那种震撼并不是来自舞蹈本身。如果没有那些美术设计，纯粹就是看舞者舞动，即使再怎么吹嘘云门舞集有多好的人，通常只要看了半个小时，多半就会昏昏欲睡。老实说，他们的肢体语言是不耐看的，但他们定格的画面很有感染力，但那是美术设计。可一动起来，回到舞蹈本身，就不是那回事了。因为他们那种肢体线条根本上与我们的文化基因相互扞格，我们不会真的喜欢那种肢体语言的。

相反的，如果你看舞台上昆曲或京剧演员的一举一动，所有的肢体，甚至衣裳，包括各种延伸的借物（如水袖、翎子、胡须等）的律动，看了都会觉得舒服。这样的线条，这样的美感，我们其实很能接受。毕竟，那是我们骨子里的美感。至于现代舞的线条，是西方人在现代文明种种压抑、紧张之下兴起的挣扎、扭曲与纠结，这种紧张、扭曲与纠结，本质说来，是与中国文明讲究的宽松、圆润、柔和相互冲突的，也是和中国艺术的根本精神相互悖离的。

王　肖：《云门舞集与我》那本书，当初由文汇出版社引进大陆时，我是很认真读完的。但后来我渐渐地发现，可能我个人对现代舞方面的修养不是太够，所以书中倡导的那些舞蹈意象、概念，我不太有触动。但云门舞集为什么会在台湾成为神话呢？我很好奇，台湾的普通读书人和文艺青年怎么看？

薛仁明：云门舞集的创办人林怀民先生天资很高，到美国学现代舞回到台湾后，觉得必须回归中国文化自身，于是开始标榜"中国人作曲，中国人编舞，中国人跳给中国人看"。当时他二十几岁，能喊出这样的口号，其实是很有气魄的。后来，他便以现代舞的肢体语言取得了西方人的认可，又以大量的东方元素让西方人觉得耳目一新。同时，因为台湾一向西化，尤其是精英阶层，对于现代舞的肢体语言，似乎也不排斥，加上当年的台湾仍有相当程度的中国文化情怀，对于云门舞集的口号很有共鸣，尤其云门舞集又获得了西方人的认可，于是就慢慢奠定了"神话"的地位。

这是两岸多年以来的共同宿命。你要让中国人认可，就得先获得西方人的认可；你要获得西方人的认可，便得使用西方人熟悉的语言。可一旦使用西方语言，就起了根本的异化。正如港台新儒家用西方的哲学语言来谈中国儒释道，西方人固然认可了，可是儒释道的真实生命也几乎从此不见了。同样的，云门舞集用西方人熟悉的现代舞肢体语言，让欧美人认可了，台湾也视为莫大的骄傲了，可是中国人真正的肢体语言又去哪儿了？

可是，如果云门舞集的身体线条一开始就是东方式的话，可能今天不会有那么多人去关注云门舞集。台湾这几十年来，除了林谷芳老师等极少数人之外，文化界知名人士几乎都得是西体中用，否则你再大本事，别人都不太可能认可你。这听起来无奈，却是事实。

王　肖：白先勇的青春版《牡丹亭》在大陆风靡过一阵，这部剧跟林怀民的云门舞集的演出有一点非常相像——美术做得非常好，洗练、写意。但后来白先勇的青春版《牡丹亭》也遭受各种各样的诟病，最重要的是其唱腔非常的稚嫩，没有传承昆曲真正演唱的精髓，只不过是为迎合或引起年轻观众对昆曲的好感。当然，传播昆曲的目的已经达到了。

薛仁明：白先勇与林怀民，有相似，也有不相似。白先勇是先写小说成名的，后来则用他的名声去护持《牡丹亭》。至于林怀民，则是跟云门舞集画等号的。白先勇以义工的热忱来护持他醉心的昆曲，虽然传播的过程有些瑕疵，但基本瑕不掩瑜，功劳极大。他非常推崇昆曲艺术家张继青这样的大师，等于确立了真正的美学位阶。

当然，白先勇的小说基本也是西体中用。他是台大外文系出身，把西洋现代文学的小说理念移植到中文的小说里来。若按作家张大春的说法，他在某种程度上也是用中文写外国小说。

王　肖：您怎么看待张大春的小说？大陆有一批崇拜他的文艺青年，他的小说，比如《四喜忧国》《离魂》，既有中国味，又好看，他是一个传统文人。

薛仁明：他的小说我看的少。张大春的才情极高，这没什么好争论。作为一个典型的文人，其传统文化素养也比两岸多数文人高很多，这也是事实。不过，文人的好处和缺点，他似乎都有。作为一个才子，他总是光芒万丈，也总是语不惊人死不休。往好处讲，他有真性情；往坏处讲，有些事他沉不住气。在中国的传统里，一个才子的最大挑战是：如何避免二十岁时是个才子，到了六十岁时也依然只是个才子？

在中国的传统里，一个人能否成为长者，远比是不是个才子更重要。一个有心之人，经过岁月的淬炼，透过修行，生命产生某种质变，到了某个年纪之后，你的生命状态会通透、会浑厚，会让人尊重和佩服。这样的修行，其实远比才情重要。才情仰赖天分、仰赖爆发力；修行则重在发心，重在随时领会、随时转化。强调天分与爆发力，更接近于西方精神；至于如何在生命中随时领会、随时转化，最终有所收获，则是东方的智慧。

王　肖：后来我想到"商山四皓"，即秦朝末年四位信奉黄老之学的博士：东园公唐秉、夏黄公崔广、绮里季吴实、角里先生周术，为什么张良要劝太子刘盈请他们四人出山，因为显得"羽翼已成"，有说服力。很难想象，如果没有这四个人讽谏汉高祖刘邦不可废去太子刘盈，太子能否保住位置？但这四个老翁一出现，大家都震惊了，都服了。

薛仁明："商山四皓"意味着什么？张良让四个老先生坐在那边，话都不用说，说服力就出来了。才子必须要说话，必须不断地告诉人家。但中国文化中最有份量的东西，其实是像"商山四皓"一样，坐在那边，就是个作品。不言自喻。说到底,你的人就是最大的作品。

王　肖:由"商山四皓",我又想到台湾现在的佛教四大道场以及四大高僧:星云法师、圣严法师、证严法师和惟觉法师。大陆貌似很难树立一个大众熟悉、有积极影响力且令人信服的法师。

薛仁明:这可能跟大陆比较缺乏台湾长久以来的佛教兴盛背景有关。台湾的四大道场,特点都非常鲜明,如果分别去看四个道场,会看到更完整的样貌。像法鼓山,结缘的信众中,知识分子特别多。圣严法师本身就是日本立正大学博士,谈学问比较多。因为知识分子比较西化,所以法鼓山道场是用公元来纪年,这在另外三个道场,基本不可能。可能也因为西化的倾向,法鼓山跟演艺人员结缘也结得深,不少香港的大腕明星都是圣严法师的弟子,甚至还去打禅七。

佛光山在台湾的影响力最大,关键当然在于星云法师。星云法师的特点是心量很大,上至王公贵族,下至贩夫走卒,几乎可以一网打尽,全部融入。佛光山走的是人间佛教,几乎什么都能包容。相比起来,法鼓山比较有精英色彩,圣严法师说话也比较文气。

王　肖:星云法师的文字很有特点,那种报纸类文章,写得很简洁,道理说得很清楚,尤其那种谈善的文字其实是很难写的,他就能研究到那种程度。多年来,他对台湾政治的加持或者是干预,我说不好应该用哪个词,

**但其实他很慈悲。**

薛仁明：加持谈不上，干预也算不上，准确地说，应该是涉入或者说介入。正因如此，一直有人骂他是"政治和尚"，但他一点儿都不在乎。该说的，还是说；该表态的，也从不避讳。因此，"该"被骂的，他也"跑不掉"。我曾说过，就出入无碍、不避不讳这点而言，他颇有唐宋时期僧人的气象。

王　肖：**后来我听说，大陆的僧人到佛光山，星云法师都会给每个人一个2000台币的红包，这是很有古风的做法。只有古人才会说，晚辈来了，我作为长辈给你一些小礼品。他会参与一些我们看上去俗气的事情，对此也毫不避讳。比如星云法师会去上海演员周立波的婚礼现场当证婚人，因为大家对周立波这样的人颇有微词，因为他的做事风格相对俗一些，但是星云法师却毫不避讳。**

薛仁明：星云法师这一点，在佛教来讲，挺特殊的。你发现他对很多事都不避讳，我写星云法师的那篇文章就特别提到，星云法师创办的佛光大学除了提供素食之外，也一直提供学生荤食。佛光大学是"教育部"底下的一所大学，没有规定学生必须是佛教徒，因此，学校餐厅就同时供应素食与荤食。对于这一点，他们不在乎，也没有挂碍。

但是，同样是"教育部"底下的大学，证严法师所在的慈济大学，就得一律素食。正因如此，你到证严法师创办的慈济功德会，就会看到与佛光山不太一样的景象。慈济功德会秩序井然，做事细致、到位，非常严整、规范。像我这种平常比较散漫的人，一进去，多少会有压迫感的。慈济功德会最大的特色，却不在于修行，而在于他们的慈善事业。基本上，他们的慈善事业应该已做到全世界数一数二的地步了，任何地方有灾难，常常政府部门还没到，慈济功德会首先就到了。他们的速度与效率，多半会比官方早几个小时，就这点而言，他们实在非常厉害。

更有趣的是，慈济功德会的主要力量，并不来自出家众，而是在家居士。你到慈济功德会的场子看，除了少数几位比丘尼之外，绝大多数是穿着深蓝色上衣、白色长裤的慈济制服的男女信众。这些信众，有的是经济条件不错的企业家，更多的是寻常的民众，还有不少是社会底层的老先生、老太太，甚至有些是拾荒、做资源回收的，每个月只能赚极少的钱，但是他们一定要捐钱给慈济功德会。

证严法师的本事，是把佛教与传统民间的人情义理结合起来。你看证严法师说的"静思语"，基本上没有太多的佛语，她所讲的东西，人人能懂，对于信众，却有股极大的安定力量。如果认真分析她所说的话，其实还可能更接近儒家的道理。她最大的本事，则是把传统社会中保甲制度的邻里关系嫁接到现代社会，使得紧急救难这样的事情，不一定要仰仗政府的力量，只需通过民间的组织，就能有效率且充满人情味地获得解决。事实上，中国自周代就有井田制度，而后演变成保甲制度以来，人跟人之间，一向有种基于人情义理的紧密联系。证严法师建立的慈济功德会，正是将传统民间这样的能量，发挥到某种极致。

最后，谈谈中台山。中台山的开山长老是惟觉法师，相较于其他三个道场，他们实修的人比较多，听说能修炼到不倒单*的，还不算少。中台山禅寺自身僧团的位阶，也有点像政治团体。中台山的法师很有架子，感觉比较像官员，有一些年轻的出家众，出家没几天，面对信众的顶礼膜拜，也是堂而皇之、一副理所当然的样子。在过去的某些时代里，佛教的出家众与在家众的位阶有着比较鲜明的划分，而现在，中台山不仅维持着这一点，甚至还有某种程度的强化。

王　肖：您刚才提到的歌唱家龚琳娜，在大陆，有一些人可能对她唱的神曲——《忐忑》为之侧目。我其实蛮早就关注她了。有一次，我们同事去她家里采访，那会儿龚琳娜刚生完孩子，从声场能判断出，她在一边哄孩子一边接受采访，显得非常自然。后来，她尝试新东西，哪怕这些掩盖了她作为一个音乐人更专业的部分，但像她这样，主动离开一条轻松的职业道路，以

---

\* 即夜间不睡觉，结跏趺坐，或念佛，或参禅，或看话头，盘踞终日。

一种野蛮生长的方式被抛向市场，开始一条不可知的艺术道路的人，本身就很值得敬佩。现在很多人只看到她唱神曲，穿奇装异服，却看不到她身上更可贵的一些东西。

薛仁明：对于龚琳娜的某些夸张，包括许多人没办法接受的奇装异服，我个人感觉是，琳娜这人大大咧咧的，性格本来就不属于温良恭俭让那种类型，你不能用儒家的那套东西规范她，她是自由且不按常理出牌的人。当然，她压根儿也不管别人怎么说，从这点看，她更接近道家的生命形态。如果我像一般学者谈孔子，像许多迂执的卫道之士那样谈中国文化，我想我和琳娜是不会有交集，也不会有来往的。上回我听琳娜说，当时有个朋友送书给她，因为是朋友所送，不得不读，每晚却因此读得心头紧揪，很痛苦。她把我写的《人间随喜》拿来读，读个一两篇，心情就放松了。她看我谈事情，其实是在说道理，可偏偏又没有摆出要说服别人、教训别人的姿态。她说："这么一看，就觉得舒服了。一舒服就觉得，哎呀，可以去睡一觉了，梦境也似乎变得更轻了。"琳娜这个人，如果用魏晋时期的标准来看，挺好。她的夸张，她的勇于尝试，其实可以从这个角度来理解。

另外，她外表上的标新立异，确实是在尝试某些东西，但我的感觉是，说不准再过个几年，琳娜会慢慢调整、慢慢转变的，等她更清楚也更笃定了，她会弄出一些更大也更长久的东西。

王　肖：其实，大陆的普通观众，只要听过龚琳娜唱诸如《静夜思》《小河淌水》之类古诗词和民歌的，其实对她都是佩服得五体投地。

薛仁明：那次她离开我家，先去了云门舞集的会场，我就找了她唱的《小河淌水》来听，真是没话说。等她再转回来，我又请她唱了一回《小河淌水》，那种嗓子，那种投入，真让人服气。当然，更不容易的是，她甩脱了中国音乐学院出身的包袱，从那种异化的音乐美学中走了出来。这里面很大一部分是得力于她的先生老锣。老锣常跟她讲，不要像音乐学院教的那样唱歌，那么唱会完蛋的，因为那是西方概念的唱法。用西方概念来唱中国音乐，永远唱不好，也永远不伦不类。老锣要她多留意戏曲，戏曲的唱腔是中国人真正的声音，最有中国人的真实情感。后来我和王三庆、陆咏夫妇去琳娜家，琳娜放了一段她唱的《静夜思》，听起来颇有越剧的味道。一般中国音乐学院的毕业生，当然不会这么唱。

王　肖：记得早些年听龚琳娜说，她一到陕西，她就站在黄土高坡上，听对面的姑娘唱歌；一到贵州，就去山谷里，听那些人怎么唱歌；她每去一个地方就学当地的唱腔。那会儿她早已是衣食无虞的歌手了，但她还要学民间的唱法，去经历那样一个过程：首先要忘记她原来学的那套东西，然后在她原来所学的基础上，再把民间的唱腔提升到一个层次，通过这个淬炼的过程，龚琳娜无疑是成功的。

薛仁明：龚琳娜本来就是一个比较野的人。可这样的野，如果对照她面对音乐时的认真跟谦逊，就非常有意思，也非常耐人寻味。她因为认真，所以勇于尝试；因为谦逊，所以一直有着极强的直觉能力，因此，她这一趟池上云门舞集之旅，本来带着不少想象，可因为直觉能力强，一下子就能翻转得如此之快。琳娜得天独厚之处，在于她身边有她的先生老锣。一般说来，直觉能力强的人，多半只能看别人，不太能够自觉的。他们只能觉得这个好、这个对，至于为什么好、为什么对，其实是很难说得清的，一旦说不清，什么时候会产生异化，就谁也说不准了。如今琳娜旁边有个老锣，就等于有了一个现成的自觉。这样的组合，确实难得。

# 第四篇

# 重归生命安顿

# 1.传统信仰最重要的表现形式是什么？

王　肖：从十几年前起，就有人指出"中国的传统文化在台湾"，直到现在，依然有很多人这么认为。您怎么看待这种说法？

薛仁明：在某些地方，台湾做得确实比较好一点。但我常强调，只是好一点点。

王　肖：您遣词酌句真严谨。我们通常的印象是，大陆经过"文革"以后，很多传统的东西保留下来的不多了。

薛仁明："文革"的确破坏了不少传统的东西，但是，不要低估大陆这些年恢复的力度，也不要忽视中华文化的自愈能力，更不要把传统的东西看得过于表象。"文革"可以破坏表面的东西，却很难伤到中国人骨子里的性情。我常说，只要中国人还讲中国话，中华传统文化就会得以保存下来。语言里头，其实就蕴藏着极大量的文化基因，只要我们还说中国话，就在不知不觉地传承着中华文化。其实越根柢的东西，越容易不自觉地传承。要说文化，这种"老样子"，才是最骨子里的东西。

王　肖：如何看待台湾和日本文化的关系呢？从二十世纪七十年代以来的影视作品中，我们能隐隐约约看到日本的一些影响。

薛仁明：日本人占领了台湾五十年，肯定会留下一些影响。此外，日本的文化与中国的传统文化本来就有着千丝万缕的联系，相对容易亲近，甚至还可以有一定程度的互补，所以在台湾社会中一直可以看到日本文化的一些影响。比如，台湾各地的乡下，如果相较于大陆，还算是比较干净的，这多少是受了日本人的影响。又比如，以前台湾乡下人很喜欢穿木屐，台湾处处也都有榻榻米，这当然也是受日本文化影响的缘故。至于最根柢的性情，影响就很有限，并不像许多人所说的那么夸张。

王　肖：台湾还有一种很强大的力量，就是宗教信仰。据说台湾总共有三十几种信仰，您怎么看待台湾的宗教信仰对于民众的影响？这和大陆又有什么差别？

薛仁明：我还真不知道这"三十几种信仰"是怎么算出来的，不过，宗教信仰这一点的确非常重要。很多大陆的学者在观察台湾时，常常漏掉了这一块。如果不谈这一块，就很难解释台湾政治为何如此狂躁不安，可整个社会却又如此波澜不惊。

如果就狭义的宗教而言，佛教是大宗，基督教也占一部分。这些年，基督教在台湾的影响力，有点走下坡路。信徒比较集中在某些社会名流身上，以前是国民党，现在则是民进党，不少高干是基督徒。另外，原住民，也就是大陆所说的"高山族"，信仰基督教的比例也很高。除此之外，台湾演艺圈内的基督徒不少，可能因为他们比较"洋"吧！

**王　肖：现在大陆也有一些演员信仰宗教，前两年的除夕夜，有些大陆人士专门去古刹敲钟拜佛。**

薛仁明：在台湾，真论影响力，还是佛教的影响力大，佛教对于人心的安定极有贡献。因为佛教的缘故，台湾人把"修行"两字变成了日常用语，动不动就把"修行"二字挂在嘴边。台湾佛教的现状，基本延续了明清以来中国民间"家家弥陀、户户观音"的状态，只是更兴盛了一些。不过，真论及影响深远，除佛教之外，更普遍却较少被谈论的则是民间的祭祀。

**王　肖：我们家也祭拜祖先，祭拜时还有一整套的仪式。**

薛仁明：台湾民间的祭祀，某些部分与宗教重叠，至于重叠部分，到底是源于道教还是佛教，多半说不清，因为每个地方都有些差别。民间真正祭祀的对象，主要是自己的祖先与各种节气，没什么地域差别，甚至和古代没什么本质性的变化。

一般说来，越古老的聚落，祭祀越兴盛。如果有机会，不妨去金门看看。金门的祭祀很多，也正因为这样，金门的民风极其淳厚。上回我去金门讲座，接待的朋友说道，金门的犯罪率非常低，几乎没什么刑事案件。

王　肖：这充分体现出《论语》中"慎终追远，民德归厚矣"这句话的意义。

薛仁明：是啊，正因如此，我曾写过一篇文章，就叫作《金门的分量》。在金门，一方面是邻里宗族之间的关系紧密，另一方面就是极重视祭祀，这两方面共同造就了金门淳厚的民风。事实上，这两个特点，恰恰也是千百年来中国民间文化最根柢的最原始的部分。

中国的祭祀，近于宗教，又有别于宗教。祭祀有宗教的好处，却没宗教之弊病。祭祀其实是中国人几千年来最重要的信仰。中国许多古人不信奉宗教，却几乎人人祭祀。汉代之前，中国人没有宗教，可当时的人既质朴大气又安稳信实，主要是得力于祭祀。所以《左传》有云"国之大事，在祀与戎"，历代皇帝的祭天，那可是国之大事，是重中之重呀！重视祭祀的传统，一直维持到清代。

王　肖：刚刚我们提到祭天，那您参加过台湾的祭孔大典吗？现在整个中国都在礼仪重建，您对此持什么态度呢？

薛仁明：我参加过台南孔庙的祭孔大典。场面很庄严，也很值得大陆借鉴。至于大陆的礼仪重建，我相信会渐入佳境的。上回北京地球村中心的廖晓义主任问我，做乡村重建，尤其文化建设时，应该从何下手？我说，先恢复祭祀。恢复祭祀很容易，家家户户就弄个牌位，简单易行。

王　肖：**是什么牌位？是祖先的牌位还是"天地国亲师"？**

薛仁明：都可以。台湾都是祖先牌位，我知道江南很多地方都是"天地国亲师"，也很好。总之，就是要把家里的信仰中心建立起来。

王　肖：**道教在台湾的影响力大吗？**

薛仁明：很大。

王　肖：**主要表现在哪些方面呢，是风水吗？**

薛仁明：不一定。道教文化的东西，大化无形，永远搞不清楚到底在哪里，可是它却处处发挥着力量。风水、黄历、算命……都可以算。台湾民间无论婚丧喜庆，一定都有道士主持仪式。我结婚时的祭天仪式上，也有道士。

王　肖：**我在大陆见过一次。有一位七十多岁的老太太去世，在老人的葬礼上儿女请了道士，也请了和尚，又有西洋的乐器，还加上中国以前的哭丧，显得特别不伦不**

类。可大家却挺虔诚，还真说不清他们到底是不是盲目在做。

薛仁明：有时候，还真不见得是盲目。民间的东西，好处就是兼容并蓄，坏处则是鱼龙混杂。反正先全盘接收，然后再慢慢消化，久而久之，会再形成一种合适的样式。我觉得不用着急，就让其慢慢发展，不必过度干预。民间如果有些东西做过了头，政府可以踩踩刹车，但不必管制太多。

## 2.格物的基础是什么?

王　　肖：可能是我读书读傻了，常常要站在宏大的背景下，费很多口舌，才能清晰地表达自我。但在薛老师这里，您的自我似乎能够直接从地里长出来，既轻松又自在，您是怎么做到的?

薛仁明：说白了，就是因为我是个"乡下人"。

我出身民间，至今也一直住在乡下。可能我比大部分的文化人都更清楚什么叫作"接地气"。也正因为如此，我一向不习惯跟某些学者谈话，听他们说话，总觉得好绕、好累。听了半天，就是一堆名词，却不知道他究竟要说些什么。

事实上，"道不远人"，天下道理没那么复杂。"道在日常功用间"，真正的道理，就像家常菜似的，平常得很。所谓文化，无非是人与人之间的相互感应，不一定要扯到那么高大上，更不必说得那么玄乎。比如琴棋书画，固然很重要，但我却不喜欢把这些给无限上纲。对于一般大众而言，这些离他们都很远，可他们依然活得非常中国化。他们身上所体现出的中国文化，可能比那些整日搞琴棋书画的文人更深刻。所以我才总说，读书人必须跟民间通气，只要气一通，中华文化就会有源源不绝的活水。通气的基础在哪里呢？就是我们中国人共有的情感。事实上，人同此心、心同此理，某些东西只要我们说得清楚，很多人都会有种恍然大悟的感觉。这几年我在大陆讲了那么多场讲座，之所以能打动一些人，其实也只是因为我说出了许多人想说却又说不清的话罢了。

《大学》开篇提出"格物"，说的就是这回事。我们读书，重点在于感同身受，如何进入他人的状态，此之谓"格物"。而不是读书越多，越以自我为中心，与人越隔阂，到头来反而变成了"隔物"。

王　肖：确实是这样。我们常常拿自己的标准去"格"对方的长短，只要不符合自己的标准，就一律排斥掉。

薛仁明：在我撰写的《孔子随喜》一书后面有篇评论，为杨柳青写的《踏溪寻花去》，文中特别提到我的文字有静气。"静气"二字，我认为是格物的根本。一个人与人相处，若是永远都滔滔不绝，那是无法格物的。因为他老要讲话，老是以自己的想法为标准，根本听不进去别人的话，怎么"格"得了物呢？

王　肖：对。最近我有几个朋友提起，特别害怕和这种任何场合都要争着说话的人在一起，比如一群人吃饭，只要别人说到某个点，他有想法，就滔滔不绝地讲。似乎一个人到了相当的社会阶层，或者有了一定的话语权之后，就开始听不进去别人讲话，只要求别人听他说。

薛仁明：这样的人，整个脑袋都是"我"。"我"是个超大的大写，自然就没办法格物，就会与人越隔越远，到最后甚至连自己也隔了。乍看之下，他的"我"那么大，可实际上，一个老把"我"无限放大的人，是无法看到真实的自己的。

王　肖：这样的人会离真相越来越远。

薛仁明：有"我"之后，就离真"我"远了，这是很多烦恼产生的根本原因。那些叽里呱啦永远要争话语权的人，基本上活得都比较烦躁一点。

王　肖：您说得太对了！我生活周遭就有这样的人。

薛仁明：这样的人身上有种躁气，没办法安静下来，没办法好好听别人说话。我记得华人作家阿城曾称赞过台湾女作家朱天文，说她有静气，善于静静地听旁人说话。说实话，以朱天文那样的位阶，按说应该是别人听她讲才对，可偏偏她就愿意听别人讲。善于倾听的能力，是格物很重要的基础。所以我才会批评我们现今的教育，实在是受西方影响太深，总是不断地鼓励小孩勇于发问、勇于表达，意识里都是自我。

王　肖：专家的说法是"找到自我，伸张个性"。

薛仁明：对，就是这种说法。孩子在那么小的时候，最要紧的就是让他学会虚心，懂得听别人说话，而不是老想着表达些什么。一旦喜欢听别人说话，有这样的静气，他对这个世界就容易有一份真心和善意。

# 3.中华文化怎样"走出去"?

王　肖：**随着国家的崛起，从政府到民间都比以前有了更强烈
　　　　的文化输出意识。有时看到邻国日本、韩国在文化输
　　　　出方面的举重若轻，我们也会特别着急，怎么能让中
　　　　国文化"走出去"。**

薛仁明：如果是所谓的文化创意产业，在商言商，"输出"就没
　　　　啥好说。但假使就文化论文化，我必须指出，"中国文
　　　　化输出"这种想法本身是与中国文化相背离的。

王　肖：**有人会觉得您这种说法太玄。**

薛仁明：但凡中国的东西，比如中国佛教，最好的佛寺多半在
　　　　深山里，寺庙中的僧侣是鲜少主动下山找人弘法的。
　　　　佛度有缘人，若要有此缘份，还需千里迢迢，爬过几
　　　　个山头，怀着向道之心而来。这就像最好的老师，不
　　　　会不请自来，主动去别人家里宣讲。《礼记》说："往
　　　　教者，非礼也。"主动教人家，是非礼的呀！人不能
　　　　好为人师，不能老觉得自己的文化优越，不能老想着

要把自己的文化输出给别人。如果当真优越，当真是好，那也必须是别人心向往之、主动求教才是！就像隋唐时期日本人漂洋渡海而来一样。当时有日本人来到大唐，与诗人李白成了好朋友，李白有好几首诗都是写给日本朋友的。文化这事，就应水到渠成、自然而然。中国人如果对自己的文化真有自信，就不应该那么刻意，老是学美国要文化输出。

王　肖：我做过五年的对外广播，专门从事传统文化专题节目的采访与制作，最大的感受是，海外华人听众对于传统文化接受的多、质疑的少。以孝道为例，大陆受众往往把孝道和家庭中的矛盾联系起来，强调不能愚孝，要把握有度、更要有平等观念，等等，但海外听众却不觉得孝道和平等有什么矛盾。

薛仁明：海外华人是因为离开了文化母土，面对异文化的刺激与冲击，才深切感受到自家文化的分量。换句话说，他们因离开中国，才真正看到了中国。至于大陆许多人，没经历过这个过程，面对自身文化反而容易有更多的纠缠。

在中国文化里，尤其在家庭之中，其实并不存在平不平等的问题。中国家庭谈伦理，谈"父父子子"，是关心父母怎么当好父母、子女怎么成为好子女，关心如何各正其位、各尽其职。说到底，所谓平等，那是西方在基督教背景下产生的概念，硬扯到中国家庭里，只会让自己迟疑困惑、纠缠不清。

当然，如果不纠结于平等，许多人对于孝道的某些迟疑，也不能完全说是无的放矢。毕竟，中国在独尊宋明理学的时代，的确曾经把孝道过度绝对化，否则就不会出现"二十四孝"中"埋儿奉母"等这种明显过了头的东西。孝道的精神，当然是没问题的，但是过犹不及，任何事物只要绝对化了，就会变成灾难。中国文化讲究中和之道，按理说，是最不应该把事物给绝对化的。

**王　肖：** 在中国传统社会里，孝道作为"五伦关系"的准则之一必然有其作用吧？

**薛仁明：** 这是当然。孝道说到底，就是对父母之恩的感激与回报。中国文化标举孝道，是因为我们受父母之恩最大，也最深。中国人强调循环往复，《道德经》中说"天道好还"，《易经》中所讲的"复卦"，亦说天地之间，因有这样的循环回报，才会生生不息。中国也因重视循环回报，所以才能气息绵长，有如此强大的文明延续力道。

儒家的东西，终究还是要多做少说。说得太多，就容易标榜。一旦标榜，就容易出现礼教杀人的情况，也容易出现一堆虚伪之人。中国人为什么讲究含蓄？因为不说，最真切；说多了，就容易假、容易虚伪。中国人不是连"爱"字都不轻易出口的吗？

王　肖：许多话不轻易出口，确实体现出中西有别。值得注意的是，我做《孔子学堂》栏目头一年里，领导要求我们尽可能找到中国传统文化中具有普世性，也就是可与西方相通的部分来推广。但到最近这两年，好像都不再提什么普世性、共通性，就是纯粹介绍中国文化，谈谈中国人的生活，比如中国人怎么喝茶、中国人如何跟节气配合，等等。这几年的变化挺明显的。

薛仁明：这是一个非常好的变化。这意味着，我们开始有了自信，不必再去特意证明我们和西方有什么相通之处，也不必用"普世"之名来攀附西方。我们慢慢清楚，中西有同也好，有异也罢，中国自是中国。

　　一个人若是有自信，就不必动辄与人比附。偌大一个中国，当然更应该如此。有人曾问我中国式书院该怎么跟西方式大学结合？我提醒他说，现在的问题是连书院实际该怎么操作，大家都还不清楚，怎么一下子又焦虑起如何跟别人结合了？眼下这节骨眼，我们先把自己搞清楚吧！先看一看我们与别人不一样之处在哪里吧！先把这个问题给谈清楚，再来想融合的可行性，否则，谈得越多只会把问题搞得越纠缠不清。

# 4. 中国传统文化如何在当代作为？

王　　肖：中国人从甲午海战的极度挫败中一路走来，在哪儿都找不到自信，这是现实。正因如此，我们在经济、文化、艺术等各个领域，只能努力地复制西方。现在看来，要拾回文化自信，可比提高GDP难太多了。

薛仁明：顺着你的问题，我们可以追问，中国的"落后"是真的落后吗？到底是什么地方落后了？中国没有发展出西方式科学，真的是中国文化的弊病吗？我们今天学西方发展科技，让产业急速膨胀，就某种程度而言，本来就是逼不得已，如果我们不这么做，就会有被消灭、被吞噬的危险。但是，我们对于这种发展确实感到不安，甚至觉得不对，所以从"鸦片战争"之后，中国在学西方的过程中，就一直进退狐疑，不像日本"明治维新"之后一下子转身，就义无反顾地往前而去。很多人觉得这是中国的颟顸，不如日本灵巧，但在我的解读里，其实未必。正因为中国文明基底深厚，面对该不该走西方这条路时，才会显出更多的迟疑与纠结，毕竟，这种掠夺式发展的吉凶祸福，谁能说得准？

直到如今，我们确实只能走这条不得不走的路，但走了这条路之后，我们又得付出多少代价？我们又得面对多少凶险？中国几千年文明发展过程中，什么时候出现过这样的"雾霾天气"？在二十世纪之前，全中国有多少条河流可以清澈见底？短短一个世纪以后的今天，情况又如何呢？

中国文明发展到清朝末年，确实是出现了问题，但出了问题，却不一定就得复制西方的道路。这三十几年来，我们顺利复制了西方的道路，也很有成就了，可是面对如今生态环境恶化，人们被吓得魂飞魄散之时，我们应该回头想一想，数千年来中国人走的道路，如果和我们今天的现状相比，到底孰好孰坏、孰优孰劣？如果我们有这样的历史纵深，看事情就不容易这么武断，就会有不同的视角。我们有了不同的视角，就很难轻率地说，一百多年前的中国有多么"落后"。西方从十八世纪工业革命起，准确地算起来，直至十九世纪中叶才真正开始"突飞猛进"，至今也不过两百年，但这世界不是已经出现各种问题了吗？这种毁灭性的"进步"，当真值得学习吗？

**王　　肖：西方夸大了人的创造力，强调科学至上。**

薛仁明：自从"启蒙运动"之后，西方人逐渐告别基督教，也慢慢断了与上天的联系。于是，后来的科学家日益"目中无天"，也日益夸大人类的"创造力"。一群科学家兴奋地"创造"着新事物与新产品，而另一群科学家则是忧心忡忡地预示着世界的灭绝。今天许多人对科学主义的迷信，已近乎吸毒，在自我毁灭的前一刻，都还以为自己手上拿着"万灵丹"。

王　肖：**中国文化中有许多很高级的创造性表现，比如，古琴谱不标注节奏，而是由弹奏者打谱，重新定义节奏，这本身便有着很深的创造性在里面。又比如，中医因个体的差异，患者的用药、治疗方案也不一样。但今天通常所强调的创造性，更多的是发现了一个东西，立刻将它复制，以转化成生产力。**

薛仁明：正因如此，真正的重点不在于所谓的创造，大家在意的其实是产品的翻新与膨胀。在此逻辑下，大部分的"创造"与"发明"，都只因有利可图，可刺激更多的消费而为。这样的恶性消费与生产，当然会招致耗竭与毁灭。这时我们再回头一看，就会发现中国文明一直有股强大的"止"的力道，特别知道该何时踩刹车。在资本主义推波助澜之下的今天，许多的"创造"与"发明"，认真说来，都是中国古人所说的"奇技淫巧"。这些以科技为名的"奇技淫巧"，不过是帮助资本主义把消费刺激推动得更淋漓尽致，也更"天罗地网"些罢了！

王　肖：您觉得西方的环保理念与中国文化里的"天人合一"有什么差别吗？

薛仁明：差别很大。环保运动基本上是资本主义成熟之后的反动。既是反动，就会有类似的思维。上次我去大陆最大的环保团体"北京地球村"参访，廖晓义主任说，她现在连全球的二氧化碳会议都不参加，因为开这种会一点意义都没有，大家只在那边谈你排多少有害气体、我减多少有害气体，论斤称两，根本就是个笑话。大家如此算计，自然"上有政策、下有对策"，都会有各自的应对之道，最后肯定解决不了问题。廖晓义主任很清楚，问题的关键不在于环保技术层面，而在于整个文化。今天全球最根本的问题，几乎都源于西方思维下那种主客对立的二元世界思维方式。在此思维方式之下，所有的物都要被利用，所有的东西都要变成资源。天地间所有的一切，都只是个对象，跟自己没有内在的关联。于是，人与自然疏离了，人与人也疏离了。一旦与自然疏离，人就会凭借着科技将欲望无限扩张，很快把这世界给耗竭掉。一旦与人疏离，人就会得抑郁症，就需要麻醉品、需要电子产品，甚至需要毒品来缓解。最后，人毁了自然，也毁了自己。《尚书》说："天作孽，犹可违。自作孽，不可逭"，在二元对立的世界里，资本主义一旦结合了科学，就会出现这种根本性的毁灭。

今天我们要复兴中国文化，重点不在于民族自信，而是要解决当今世界的问题。中国文化的基点，绝对不是主客对立的二元世界。在中国人眼里，什么都有关联、什么都在相互影响。在中国，山有山神，河有河神，人必须敬之、畏之，岂能说采就采、说挖就挖？人当然会有需求，但不能贪心，更不能逾越本分。《贞观政要》中有段故事：唐太宗在位时，安徽发现了一座铜矿，朝臣奏议开采，借此可增添国库收入。结果，唐太宗批驳了此议，理由是朝廷收入已足够，不应有此贪念。这就是前面所说的"止"。如果不知"止"，永远想着发展、永远想着"创新"，其结果必然会走向自我毁灭的道路。

如果从这个角度来看，现在我们谈中国文化，重点就不该是多数学者所讨论的如何"适应"现代社会，而是该讨论怎么"修正"当今社会。现代社会某些东西确实走偏了，再这样走下去，在地球还没毁灭之前，人会先精神错乱，抑郁症会迅速蔓延，家庭会拆解，小孩会越来越不像样。出现这样的结果，就是我常说的资本主义自我毁灭的力量。如果一个东西本质是坏的，即使一段时间内可以得势，可以大行其道，但不需多久，我们就能"眼见他起高楼"，又"眼见他楼塌了"。资本主义就是这么一个东西。自古以来，坏的东西是不会长久的，只有好的东西才可能长长久久。眼下在全球多方面出现危机的节骨眼上，中国五千年的文明还应该承担更多的责任。

# 5.为何要从传统文化中寻找前进之路？

王　肖：我这两年越发觉得，"金钱至上"其实是非常可怕的意识形态。我们已经习惯于指责政府官员动用公共资源以行方便之事，但对于财阀、富豪用金钱来换取同样的特权，却视为理所当然。

薛仁明：对啊，这就是资本主义的逻辑。平心而论，政府官员的特权如果过滥，当然要受到监督与批评。但一定程度的方便与优待，还是必须要有的，毕竟他们为国家而谋，岂能亏待？至于财阀与富豪，本为一己而谋，财富又都取之于社会，怎么能不被更严格地监督呢？他们所享有的特权，又怎么可以不受批评与节制呢？

王　肖：这种逻辑好像已经绑架了社会上的大多数人。大陆有位房地产商人总结过，现在国家百分之六十的税收、百分之八十的就业是民营企业创造的。因此，企业家就应该拥有更多的话语权，有些企业家甚至还因此摇身一变，成了公知。

薛仁明：在中国古代，大多数历史时期内没有什么国营企业，绝大部分的就业，基本上是民间的。如果要算非官方提供的就业比率，可能会在百分之九十以上，可见问题的根源不在这里。

**王　肖：您觉得为什么会成为一个问题？**

薛仁明：今天成了问题，主要因为大家对政治的构想被西方观念给桎梏了。当年西方资本家从贵族手中夺权，理由是我缴纳了这么多税，所以我要拥有更多的话语权，所谓资产阶级革命，不就这么一回事吗？

**王　肖：包括美国梦的实质，也是这样子的。**

薛仁明：是啊！英国议会下议院的立法权力及其影响力超过上议院，同样也是这回事。自从金融风暴之后，美国政府被财团挟持，一般百姓，就是美国人说的"百分之九十九"，再怎么不满，也完全阻止不了政府劫贫济富、倾一国之力去挹注华尔街那些"肥猫"CEO。到头来所谓的"民主"，也不过是财团操纵民意、控制政府的另一种寡头政治。因此，谈中国文化，最后是没有办法回避这个问题的。中国的政治体制，还是得取法于我们的传统，细节可以跟传统不一样，但精神依然要与传统有所联结。我在《天地之始》的简体版中多写了一部分内容，就特别提到胡先生对于整个中国政治的构想，对此，胡先生有比较清晰的认识。

胡先生明确说道，中国不该尾随西方民主，中国自有一套"民本"政治，西方民主的构想根本就不适合中国。在"民本"的想法之下，政府应尽全力以民为念，就像企业主应照顾员工、父母需随时关心孩子一样，但不能因此就变成由员工来选举企业的总经理、小孩来负责家中事务决策，要不只会乱套，甚至成了资本家获得权力的策略与说辞。如果我们对民主的纠结不解套，面对宪政的问题，就永远说不清。

**王　肖：** 我发现您几次讲座时都有人问宪政这个问题。

**薛仁明：** 之所以会问这个问题，是因为大家多少都有种纠结：一方面公知整天在吵，另一方面政府又无回应，总说不出个所以然来。但越如此，公知就越自以为是，越觉得是政府理亏。

我的想法很简单，在中国文化里，家和国必然应是同一个逻辑，不管喜不喜欢、同不同意，在中国就是这回事。在这样的逻辑之下，如果公共知识分子有办法组织一个建立在权利义务关系之上，什么事都是契约原则，一切都能清楚规范的家庭，且运转得好，运转到大家都认真学习时，中国成为宪政国家其实也就水到渠成了。可是，如果连公知都很难把这种具有"宪政精神"的家庭运转良好，其实就不需要把西方的宪政看得那么天经地义，更不需要希望中国成为宪政国家。毕竟，西方从两河文明开始，就一直是契约社会，顺着这个脉络，最后产生了宪政国家。好或不好，我们姑且不论，但至少他们早已将人与人之间的契约关系视为理所当然。但是，中国人一向不太在意契约关系，清代"广州十三行"的中国商人能够不签契约却恪守承诺；而今公知私下为人仍然侠肝义胆、不在意所谓契约的人，其实也比比皆是。在这样的文化基因里，我们到底要如何造就出一个西方意义下的宪政国家？

事实上，中国的政治制度，还是要回归到以礼为主、以法为辅的传统架构里。中国人相处，不喜欢谈权利义务，讲求的是合情合理、有礼有义。我们可以把宪政的某些精神吸纳到以礼为中心的政治架构里，该规范的要规范，但是，该有弹性的仍要充满弹性。法治要有，但人治还是根本，中国的所有事物，一定是"人能弘道，非道弘人"，政治也是如此。

从"戊戌变法"至今，中国读书人的"宪政梦"已逾百余年。公知老在感慨，中国离宪政之梦怎么越来越远了呢？按理说，革命也革了那么多回，改造民族性也改造了好几代，问题到底出在哪儿？按照他们的逻辑，必然又归咎于当政者的私心自用、缺乏诚意。但这样的讲法，其实也说了一百余年，早已是陈腔滥调、空话一句了。

公知一直不愿意承认的事实是，任何事物努力学了一百多年却始终学不来，且不说它好或不好，那必然是与我们的文化基因多有扞格。换句话说，就是不适合。这就像中国引进西方歌剧的唱法已有一百多年了，可直至如今，中国有几个人平常是这么唱歌的？这不是说西方歌剧的唱法对或不对，问题只在于中国人根本就不是这么唱歌的。宪政的问题，当然可以说得很宏观辽阔、天花乱坠，可说白了也就是这么回事。换句话说，如果我们回到文化的脉络来看问题，就不必有那么多的矛盾与纠结，反而可以更清晰地找到真正合适的道路。

# 附录

## 演讲1　大学能让你安身立命吗？

### 从中医谈起

（2014年）3月13日，我父亲突发脑中风，送到台湾台南的成大医院。当天下午我弟弟先收到一张病危通知单，晚上我到的时候又收到一次病危通知单。医生告诉我母亲说，我父亲非得动手术不可。但是，即使动手术，要不就是救不回来，要不就可能成为植物人。我们商量之后，决定不手术，也不插管。医院希望我父亲转到加护病房，我们也拒绝。我们坚持要待在一般病房，这样才能亲眼看到父亲。我们相信，如果我父亲还有一点意识，他会很在意旁边有没有他的亲人。

后来，医院要插鼻胃管，我们也拒绝了。医生说不可进食，我弟弟却尝试先让父亲唇边沾点水，再慢慢沾点藕粉。为了此事，主治大夫还严厉地骂了我弟弟一顿。我内人本行学医，她觉得医院在输液时放了太多的消炎药，一直跟医生反映。结果医生说，你懂什么？我内人跟他说，我懂，你们放太多了，我们不希望放那么多，病人是我公公，你跟他的关系没有我们亲！

后来医院还是坚持我父亲是脑血管破裂，一定得动刀。我内人问医生，动刀之后结果会怎么样？医生一直语焉不详，怎么都说不清。于是，我父亲在医院待了八九天就出院了。出院后，我弟弟找了一位针灸师傅，开始帮我父亲针灸。后来我又带父亲到台北找一位熟识的中医朋友，请他诊脉、开药。中药配合着针灸，双管齐下，到现在一个多月的时间，我父亲的静脉血块虽然还没有完全打开，不时还会头晕，也不太愿意讲话，但他的肢体灵活度已大致恢复。

我特别提这事，其实是要谈一个很重要的问题。前段时间我在上海《东方早报》看到一则新闻，上海有一群人又开起中医批判大会。据我所知，对中医的类似批判，这些年来在大陆一直没有停过，批判的声音也非常的响亮。

我在台湾所看到的情况却恰恰相反，现在的台湾，有许多人越来越不相信西医。我认识一群五六十岁的知识分子，年轻时都是自由主义者，都是全盘西化派，因此也没几个人愿意看中医。等年过五十之后，他们竟然不约而同地不看西医了，都在读中医、谈中医、看中医。在他们眼里，西医只适合特殊的情况，比如需要开刀之类。如果是慢性病，大概就没几个人会去看西医，大家知道看了多半也是白看。至于大陆现在对中医的批判，简单地说，就是因为大陆的中医不行了。中医之所以不行，说得具体些，其实就是现在厉害的中医越来越少。

今天台湾有越来越多的人开始看中医，恰恰是因为，很多人遇到了蛮厉害的中医。看病这事，不要理论先行，要会看病。多年以来，台湾的医学教育一面倒，彻底西化，中小学的教科书里，连个中医的字眼也没有。换句话说，台湾人被西医彻底统治，对于西医的概念也视为理所当然。至于中医，在台湾则有很长一段时间非常不景气。首先，在日据时代，日本人采用的就是西医教育，台湾的中医传承当时就遇到了困难，等"光复"之后，台湾还是持续西医教育，中医基本上没有什么传承。除此之外，在两岸还没有开放之前，台湾自产的中药材极其有限，转口贸易成本又极高，所以当时台湾的中药材几乎是天价，这当然也不利于中医的发展。

因此，在两岸还没开放交流之前，台湾像样的中医非常少，所以中医缺乏说服力，习惯找中医看诊的人也非常少。我自己在三十岁之前，压根儿没看过中医。等到两岸开放之后，当时大陆还有一些老中医，有些医生来大陆学习，学成返台后，早先的药材问题也解决了，所以台湾开始有一群有说服力的大夫，大家对中医的信任也就逐年攀升了。

至于大陆这边，为什么像样的中医反而越来越少了？我想，这恰恰就是今天要谈的主题。一言以蔽之，好中医之所以越来越少，最关键的原因是目前的中医药教育体系没办法培养出好的中医，为什么？因为目前的中医教育，全部以中医为名，骨子里却用西医的概念来训练。

当初中医之所以会用西医概念来教育，正是因为我们百年来有个最大的迷信——迷信科学。当时就觉得中医不科学，所以我们便开始把中医科学化，引进那些很"科学"的西医概念，把中医所有的名词全部用西医的概念来理解与分析。经过这么一分析，中医似乎可以被"客观理解"了，但是，当中医科学化之后，中医就失去了真正的生命力，当然就培养不出像样的中医。

## 高等教育要有两套系统

除了中医之外，中国音乐与中国美术也是一样。前阵子我去朋友家，听她说她先生常与某音乐学院的一群教授舌战，因为那些某音乐学院教授心里面的中国音乐，跟她先生心里面的中国音乐完全是两码事。那些某音乐学院的教授整天忙着用西乐的概念来理解中国音乐，再把中国音乐改造成西乐那样的标准，结果遇到一个对中国音乐特有感觉、掌握精准的老锣，反而都认为她先生不懂中国音乐。那天我听朋友夫妇说了一会儿，立刻就明白，真正不懂中国音乐的，可能是那些音乐学院的教授。

同样的，去年（2013年）8月，我在中国美术学院的一个朋友跟我说，当年中国美术学院成立时，请了近代史上排名前三的画家之一黄宾虹（黄宾虹与齐白石号称"南黄北齐"）来美院当教授，但是，他们却从不让黄宾虹上课。为什么？他们担心黄宾虹"误人子弟"。黄宾虹讲的那一套，跟中国美术学院当时的那一套完全是相背离的。当时中国美术学院只是借黄宾虹的名声，如果真让他来讲，岂不是乱套了吗？也正因如此，大家可以看看后来美院的老师与学生所画的"中国画"，如果跟黄宾虹做个比较，是不是压根儿两回事？

我必须要诚实地说一句很不中听的话：数十年来，两岸大学里的人，真正有资格谈中国的东西，不多，包括中医、中国音乐、中国美术，还有中国经典。即使他们可以谈得头头是道，但他们谈的东西并没有真正的生命力。他们会把中医的力道削弱，会把中国音乐的美感混淆，还会让中国美术异化，更会把中国经典弄得越来越远离我们的生命。

正因为中国学问的每一个环节，都遇到同样的困境，所以今天的题目，准确来说，不是"以书院取代大学文科"（当时演讲时的题目），我真正的看法是，中医、中国音乐、中国美术，以及更多的中国学问，应该撤离大学体系，另外成立一个体系。我们把大学还给西方学问，也把大学还给现代的实用学问。中国的高等教育应该要有两套系统，实施双轨制，这才是最根本的解决方法。

## 大学体制是设计给西方学问的

别人且不说，我先来谈谈自己。我是台大历史系毕业，高中时被司马迁的"究天人之际，通古今之变"所打动，怀着对中国历史的憧憬，结果等真正读了历史系，四年下来，读了越多的书，却是离"天人之际"越远。为什么？从我进历史系，学《史学导论》开始，老师就教我们怎么写论文，怎么分析，怎么批判。后来回头想想，当时我们连书都还没有好好读过，怎么就开始批判了？太可笑了吧！可是，每个老师都表情严肃，说得很认真。然后，老师又教我们怎么做卡片，怎么引用资料。换句话说，所有的书都只是写论文的资料。学了半天，全部是在分析、整理、比对。大学没教我们要好好地、虚心地、慢慢地读书，也没教我们要如何从中受益，更没教我们该如何改变自己的生命状态。

幸运的是，后来我确实受不了了，大四那年，我考虑了很久，终于决定不再读研究所。当时，有一门《宋元学案》的课，老师是个中研院的研究员，后来还当选了院士，他在课堂上言道，只要抓住几条重要的线索，大家就可以一边看电视，一边读《宋元学案》了。我听了难受，下课后，大家走了，我独自一人在文学院的院子里徘徊许久。那时，夕阳余晖洒在整个院子，有棵黄檀树，绿荫葱葱，光影斑驳，我看了看，心中有种凄凉的感觉，当初我来此地满怀憧憬，其实，是搞错了。

就在那一刻，我才总算清楚，如果我还要继续在大学读所谓的中国学问，那就是自欺欺人。事实上，台大文学院有几位很好的老师，人品学问俱优，但是，他们注定要被牺牲，注定要受困于这所"学术殿堂"。他们有心，却使不上力；他们满怀理想、认真教学，却很难看到成果。因为，他们待错地方了。

后来我越来越清楚，即使再聪明、再有心、再有智慧的人，一旦进入这个学术体制，都必然会做得非常牵强，越到后来，就离初衷越远。时间一久，无论何事都会事与愿违。即便众人眼中的"大师"，比如唐君毅、牟宗三、钱穆，也统统一样。大家不妨去看看，当初这几位"大师"所擘画出来的新亚研究所，到了如今，究竟是何等光景？大家也不妨读读唐君毅晚年的书信集，他是个很诚恳的人，对于学院的真实困境，又是说得何等痛切？

事实上，整个学院体制本来就是为西方学问而设计，把中国学问摆在这种地方，根本就摆错了。为什么？西方学问的根本特质，必然是站在客观、分析的角度。中国学问呢？中国学问讲究感同身受、通情达理，更讲究应机、应缘，简言之，就是俗话所说的"见人说人话，见鬼说鬼话"。如果把话说到别人听不懂，固然可以指责对方文化不够，但其实自己才更有问题。现在学院里有许多的博学硕儒，只要一开口，就是引经据典，更是满嘴的学术名词。如果别人听不懂，就一直抱怨着对方，好像自己受了多大委屈似的。如果是孔子，他跟别人说话，会不会说得别人听不懂呢？当然不可能。他不可能会"目中无人"到此种地步。孔子不只跟有学问的人讲话，他与当时许多人也都谈得上话。一个人的学问，如果只能跟少数有学问的人讲，那就不是中国学问，而是西方意义下学者的概念性学问。

大学是西方产物，是所谓的"知识殿堂"。知识殿堂里的学者，总习惯抱着胸，身体微微向后靠，以一种疏离的姿态，与所有的事物保持距离，以便"客观"地分析、"客观"地批判。这就是西方的学问。因此，做西方学问时，写论文忌讳有个"我"字，也不能有个人的情感，越冷静越好，要尽可能多地引别人的观点、多讲别人讲过的话。写论文若不征引，单单只说自己的话，肯定要被退回去的。

今天，如果我们在这种要求客观、论据、逻辑分明的地方来谈中国学问，就必然要把中国的学问进行"改造"，才有办法纳入这个架构，以获得承认。大家知道，港台的学院里，有个"新儒家"学派，他们就是把儒释道三家用康德或黑格尔的哲学语言，建立了一套庞大的理论架构，因此取得了西方的认可，开始能够以哲学之名与西方进行所谓的对话，从此在学院占有一席之地。

直至如今，港台谈中国哲学的学者，仍多半是"新儒家"的弟子与再传弟子。问题是，儒家的基点，原在于淑世之理想；儒者的本务，则是如何对应现实的形势。但到后来，这些充满理想、最标榜中国文化的"新儒家"，却一个个只能困守在学院，尽谈些于世道人心丝毫无补的哲学语言。他们平常说话，连一般人都很难听得懂。李敖就曾说过，牟宗三写的是"有字天书"。现今台湾一批"新儒家"学者，除了开开会、写写论文之外，对社会几乎没影响力，既昧于形势，又拙于对应，更少有行动力，真不知何以言儒？

就这样，他们为了纳入学院的架构，经过一番"改造"之后，儒释道三家的能量，就从此消失掉了。大家读半天的儒释道，就只剩下一个个抽象名词，一个个哲学概念，尽管说得头头是道，可真正的力道，就再也不见了。学院这样的说法，简单地讲，四个字，"西体中用"。把中国的学问纳入西方的架构来说，这样子的西体中用，不论是学术界，或者是文化界，一直是主流。所有被认可的，几乎全都是"西体中用"的东西。外表是中国，骨子里是西方。所谓中国文化，当然只剩下一个空壳。

## 中国式书院教育的可能性尝试

当中医、中国音乐、中国美术以及儒释道三家等中国学问在大学体系都已然没出路时，如果我们真的从大学撤离开来，另外成立一个体系，接下来的问题是：这姑且称之为书院的体系（来日名称如何，还可再议），到底该怎么操作？面貌又是如何？

首先，要先确立中国学问的根本体质。西方学问将情感抽离，用客观理性的态度进行分析，中国学问则是先感后知，先有感觉，先有体会，同时还要清楚学问后头的人儿。中国学问

283

的重点在人，"人能弘道，非道弘人"。作为学问的承载者，"人师"比"经师"重要。一个真实的大生命，也远比严密的理论更要紧。比如我们读《论语》，重点不在于学院反复强调的孔子的哲学思想，而在于体会孔子的生命气象。我们要先"感"得孔子这个人，心生欢喜，有所欣羡，进而再向他学习，这才是中国的学问。

因此，书院的关键，在人。"有真人，才有真学问"，这是中国学问的特质。这就好比佛教，重点不在于寺庙，而在于有没有大和尚。书院着重师徒之间生命的相感相应，可以逐渐恢复传统的师徒制。以此为基础，学问要建立在感觉系统的恢复之上，以"感通"为学问根本，结合"修行"，使学问有着源头活水。

现今，两岸书院的数量正日益增多，但实际的操作，恐怕都还不尽如人意。这些书院，多半标榜宋明的书院形式，且不论实际已做到什么程度，即使是这样的标榜，其实都还有些问题。大家知道，整个中国文化的格局与气象是从宋代之后开始萎缩的，作为教育文化的承担者，书院固然有功于文化传播，可是，整体格局与气象的不足，却也助长了日后中国文化的萎缩。换句话说，文献所载的宋明书院形式，只能做参考，不宜全沿袭。除了文献的书院模式之外，我们还得再尝试更合适的形式。

目前两岸的书院如雨后春笋般涌现，处处都在进行尝试。我觉得可以提出来供大家参考的，是我目前上课的两个地方：一个是台湾的台北书院，一个是我这几天所待的北京辛庄师范。我先谈台北书院。台北书院有十个左右的老师开课，学员根据兴趣选择课程，缴费上课。老师上课，一星期通常也就两个小时。整体说来，算是比较松散。但是，台北书院上课的内容、师资，还有环境，却很值得参考。

先说环境。台北书院的气场很好，尤其晚上，整个空间让人感觉像是唐宋古画的画境，雅致清润、疏朗大气，一走进去，就觉得身心放下，顿时就安稳平静了。书院的走道两侧，有学员所插的花艺作品，上头流泄着中国音乐，走着走着，还会闻到一阵阵的茶香。记得北京有位美术编辑初到台湾，我带她去台北书院，一见了书院的讲堂，当下就说，好想在这边上一次课呀！我们试想，今天如果走进北大现在这种单调的西式教室，大家会不会有种沉静感？会不会特别想坐下来上堂课？不会吧！

至于台北书院上课的内容，大致可分成两大块。第一块讲经典。台北书院儒释道三家齐扬，不像一般的书院多集中在儒家经典。经典的讲授方式，也和一般大学的讲法截然不同。既不进行分析论证，也没有寻章摘句，更不做考证工作。讲经典，就是直扣着生命来谈。除此之外，枝枝节节的问题一概不谈。换句话说，书院的谈法，是绝对没办法拿来写论文的。可是，听着听着，生命会被触动，气象会被打开。

第二块，台北书院标举"道艺一体"，除了学问之外，很重视艺的课程。他们请了德术兼修的中医名师，也请了创作与美学兼具的水墨大家，还请了两位标杆性的书法人家，谈书法与生命的联结，此外，还有一位台湾最好的京剧小生来教戏曲实作与美学。艺不牵涉抽象思维，与逻辑分析无关，完全是感觉之事。台北书院借着这些经典与诸艺的课程，就是要把学问拉回"修行"与"感通"的原点。

除此之外，台北书院的师资还有个特色，从一开始，山长林谷芳先生就特别强调，台北书院的老师除了是经师之外，更要是人师。所谓人师，就在于老师的生命厚度与通透程度都必须担当"人能弘道"的学问原点，能回到"有真人，才有真学问"的中国传统。

至于北京辛庄师范，则和台北书院很不一样。顾名思义，辛庄师范原本是个师资培训的学校，即培训华德福教育的中学师资（华德福教育是源自德国的一套教育体系，强调实作，强调先感后知，背后的理论深受老子的影响）。可就目前的实际操作来看，辛庄师范的目标，远远不只是师资培训，显然是要尝试中国式书院教育的可能性。这个尝试非常有意思，可能比两岸的其他书院更具有操作性，也更具有启发性。

辛庄师范是个全日制学校，学员要集体住宿。所招收的学员，从二十几岁到四十来岁，许多人在外面都曾当过多年的老师，可到了这里，一切归零，过团体生活，重新当学生。每天早上五点半起床，六点开始站桩、练武术，七点吃早餐。这个学校厨房没有员工，所有的学生，都要轮流下厨；这个学校也没有打扫工人，所有的学生，必须轮班打扫。创办人说，这些人将来要当老师。当老师之前，自己得先会生活。就这点而言，辛庄师范受了当年陶行知晓庄师范的一定影响。

早餐之后，他们上板块式的中国文化主课，包括经典、古乐等，将来还有长达一周的辟谷课程。中国文化主课第一个邀请的是台湾的王镇华先生，来谈中国文化的精神。王镇华先生是个极清严、极端正的人，他讲的某些内容，未必人人都能认可，但他坐在那儿，自然就有种说服力。这应该是辛庄师范想达到的一个目标：人要能保证学问，人也要比学问大。

至于我，上半年讲《史记》，下半年则是上《论语》。不管谈哪本书，都是谈怎么跟生命联结，怎么对应当代社会。上完《史记》之后，我有一个小时时间，带着学员看京剧，让他们重新感觉中国人的身体线条、中国人的声音、中国人的美感，以及中国人的精神世界。

到了下午，除了上一门课之外，他们还要去田里种地。晚饭后静修，最后再自习读一个小时书，十点半准时就寝。

辛庄师范这样的集体生活，当然与台北书院的松散状态很不相同。相较起来，辛庄师范更接地气。他们的课程都有个共同特色：不空谈，不谈抽象的道理，不谈与生命无关的东西。他们都重视"感通"与"修行"。

## 大学能让你安身立命吗？

林先生在创办台北书院时特别强调，台北书院所谈的，是"立命之学"，是安身立命的学问。辛庄师范所教的，也同样是这样的安身立命之学。当下中国大学最根本的问题，就是完全没有能力处理学生的安身立命问题，事实上，连老师自己的安身立命都已成了问题。于是，在这样的地方待得越久，常常越是惶恐，生命也越不安。即使某些人看似安稳，常常也是依靠来自外在的肯定、社会的认可，而不是在这里真正学到了什么安身立命之道。在这样的大学体系里，能给学生哪些安稳的力量？哪些生命的指点？恐怕很难吧！

事实上，中国传统学问关心的，正是这个安身立命之道。

因此，将来中国学问回归到书院这个系统时，第一件要做的事，就是要直接面对这个问题。现今的大问题之一，就是人心不安。南怀瑾先生不是讲过吗？二十一世纪全世界最大的疾病就是"精神病"。记得前年我来北大讲座时，题目是《躁郁时代的读书人》，后来有好几个人跟我说，他们之前没看过我的书，也没有听过我的讲座，那天，纯粹冲着这个题目就来了。为什么？大家心里烦忧不安嘛！

这个躁郁的问题，当然不只大陆与台湾，早已是全世界的问题。只不过相较起来，大陆的浮躁更普遍也更严重。也因为极度的科学主义崇拜，才把自己困得毫无出路。

## 书院将来要培养士人

老实说，我们被科学主义洗脑洗得很彻底，今天我们的大学，就是被这样的科学主义给绑架了，才使得不少老师整天忙着做科研、报选题、弄项目，学生受此连累，也一个个魂魄不全、人心惶惶。将来的书院，就是要挥别这样的科学主义，找回中国人的魂魄，解决人心不安的问题。书院培养的学生要有办法先让自己安身立命，将来能够去安别人的心。

因此，书院将来扮演的角色，可能比大家想象得更大、更积极。书院培养的人才，不仅可以是教师，也可是文化工作者，可以担当整个国家的重责大任。换言之，书院要培养既能身心安顿又具有强烈现实感的士人，也就是传统所说"士不可以不弘毅，任重而道远"的那种士人。

今天的大学，除了为数甚多的知识从业员之外，主要就是培养知识分子。知识分子的培养重点，在于追求客观知识，进行思辨。一方面标举理想，另一方面则批判现实。至于书院所培养的士，则是先要有感通的能力，再要有修行的自觉，然后才有后头的学问与种种的思考。这是士与知识分子最大的区别。士必须要让自己心安，然后安人。"己立立人，己达达人"，先修养自己，进而修己以安人，由里而外，一层层扩充，这才叫作士。至于知识分子，他们既没有修行的问题，也没有感通的问题，只是努力地思考，努力地进行分析与批判。知识分子与士看来相似，其实压根儿是两回事。

（2014年4月27日，作者讲演于北京大学教育知行社，有删节。原来题目为《以书院取代大学文科》，澎湃新闻发表时改题目为《我们被科学主义洗脑得多彻底，连拿三炷香都觉得愚昧》。录音整理者：沈苗）

# 演讲2  学问与生命之间

人世间有许多的东西，一开始看来，似乎挺好，也很吸引人，然后，你会对它产生一种想象，可是，当你越接近它、越深入它时，就会发现不是那么一回事了。等深入一定程度之后，可能会深陷其中，再也出不来了。最好的例子，可能就是我们今天要谈的主题——"学问"。相较于其他事物，学问可能是一个更大的陷阱，不知道有多少人陷在里头，这辈子就再也爬不出来了。

我这样的说法，并不是一般学者所说的"反智论"，我只是想要提醒大家，这里头确实有很大的陷阱。如果你知道陷阱之所在，因此戒慎恐惧、步步为营，那么，你就可能在"学问"里面获得益处，否则，若是不明就里、傻愣愣地一头栽进去，稍不小心，就可能掉到无底深渊，从此万劫不复了。

## 学校待得越久，暮气越重

去年三月，我到台大讲座，开场时，我先提醒他们，在讲座前一星期，台大又有一个学生跳楼了。这几年来，台大差不多每年都有一个学生自杀。这样情况，现在已往下蔓延，因此台湾最牛的建国中学，这几年也几乎每年自杀一个。每年自杀一个，当然不一定跟学问有直接关系，可是，为什么恰恰是台大、恰恰是建中，而不是其他学校呢？

从这个角度看，北大当然也属于高危险区。所谓高危险区，不是说大家可能会去跳楼，而是相较起来，大家心理更容易出现问题与障碍。老实说，北大处处是聪明且有才情的人，可是，能够活得自在安然的，却不算多。换句话说，北大人的聪明与才情，常常是妨碍他们自在安然的关键原因。

古人说，"聪明反被聪明误"。太聪明的人，有时候特别执着。一执着，就任谁都救不了。为什么？因为他聪明，自然会想出各式各样的说辞，最后形成一套很完整的自圆其说的说法，你怎么样都说不过他，也动不了他。他的种种说法、一道道的防线，就成了铜墙铁壁。这铜墙铁壁本来是为了防御他人的，到最后，却会把自己困死在里面。

各位不妨检验自己是否也属于这种高危人群。检验的标准，是看自己会不会老强调"真理"，总觉得自己是"择善固执"？自己会不会太爱说理、太好争辩？说理时，是否滔滔不绝？争论时，是否容易动气？一旦滔滔不绝又容易动气，时间一久，你的生命状态大概就会慢慢变化了。一般说来，在大学里，尤其在北大这种好说理、喜争辩的地方，本科生的脸上都还比较干净清爽，到了硕士生，就开始有点暮气，到了博士生，暮气就更重了。换言之，北大是一个容易让人有暮气的地方。

我年轻时，也是暮气沉沉。暮气最重时是大学四年级。那年寒假，每天晚上读书，都要到凌晨四点。那段时间，我一方面极为用功，另一方面渐渐成了不折不扣的愤青。我言理滔滔，一脸紧绷，话说不到几句，常常就激动起来。那时我常常会没来由地烦躁郁闷，独自一个人也好，与人相处也罢，全身总有些不自在。这是否与长夜嗜读有些关联，我并不清楚。现今回头看来，当时我的愤怒与躁郁难安，其实都源于我内心深处那股挥之不去的暮气。

几点睡觉其实不重要，如果因此有暮气，就很麻烦。为什么今天的北大，会是一个让你越来越晚睡的环境？在这个环境里，你会觉得如果九、十点睡觉，是件很不可思议的事儿。在这个环境里，你会很用功地读书，却不容易感觉到生命的明亮和朝气。我们在这种地方过生活，但凡认真的好老师，都巴不得我们一天可以读书十六小时，越用功越好；最好就整天窝在图书馆、研究室或实验室。可很少有老师会想办法让我们活得更有力气、更有朝气，也更能意兴扬扬。中国文化很强调的一个字眼叫作"兴"，孔子所说"兴于诗，立于礼，成于乐"的那个"兴"字。如果我们在这样的学习环境里，无法培养这个"兴"字，待得越久，暮气就会越重。

## 学问跟生命是脱节的状态

所谓教育，原本不是要让一个人变得越来越好吗？可是我们在今天的某些大学里，却很难变得越来越有朝气，反而开始变得暮气沉沉，那么，这样的教育，是不是根本就出了问题？简言之，就是我们的学问与生命处于脱节状态。为什么会脱节呢？因为我们所求的学问，学校教我们要客观，要冷静分析，不能有自己"主观"的想法。于是，我们的生命会被抽离开来，感觉系统会处于关闭状态，只剩下一个干枯的大脑。久而久之，生命就会失衡，无从"兴"起。

今天不只是北大，也不只是大学，小学教育亦然。我们不断强调知识的追求，但没有教学生怎么感受身旁的事物，更别说要有能力感受得精准、契入事物的真正状态（用《易经》的说法，叫作"感而遂通"）。没有人要你好好地看一朵花、好好地听身边的声音、好好地体会旁人的感受。学校不断地教你知识的建构与组织，不断地在分析，不断地在思考，不断地在想有没有符合逻辑？论据严不严整？知识有没有硬伤？可是，想了这么多，问了这么多，你生命的感受到底在哪里呢？

到最后，我们整个学问就会彻底的异化，这异化导致即使所谓的文史哲，看来是生命的学问，也同样摆出一副貌似客观、实则无感的姿态；每读一本经典，总要教你有多少版本，有多少学术成果；若讲《老子》，就要讲老子的形而上学、宇宙论，讲得天花乱坠。问题是，我们学这些干吗?! 我们知道老子的形而上学，跟我们的生命有什么关系吗?! 不幸的是，我们所有的大学，都在教老子的形而上学。

事实上，我们为什么学老子？不就是为了获得智慧，让我们的日子过得好一些，对不对?! 我们之所以读老子，不就是为了让自己有能力化解问题，能够活得自在通透些，对不对?! 但学院里教这些版本问题、讲那些形而上学，好像都跟这个沾不上边嘛！

今天学院的整个分析系统，从一开始，就逼得你离开生命，去"客观"地谈许多跟生命不太相干的问题。这样子做学

293

问，难怪越做离生命越远，最后当然会搞得自己很不痛快。

千百年来，《论语》《老子》《坛经》等经典之所以能留下来，是因为后人不断受这些话语启发，不断地被这些大生命所打动，但是今天学院里很少有老师会问你，读了这句话你被打动了吗？读了这段话你有什么感受？他们几乎都不教你要被感动，而是教你越冷静越好，如此才能把学问分析得好，才可以顺利拿到学位，也才能够写好论文。事实上，这样的学问，是违背人性、是和我们的生命相冲突的。当然，今天在座诸位，在这边拿学位，做这样的学问，是不得不然；换成我也只能这么做。尽管如此，我们仍须知道，就生命的学问而言，这其实是种伪学问，除此，还另有一种真学问。我们得时刻提醒自己，不能做了一辈子的伪学问，还告诉别人：这才是真学问！

上个月在上海，有一个记者采访我，后来刊出的题目就叫"我们太缺乏一门叫作生命的学问"。我喜欢这个题目。采访时，她告诉我，在复旦读研究生时，只有一门课让她受益最深，那门课的老师每次上课只读经典，读得很慢，不做任何学术分析，就先让大家读，然后问大家有什么感受。我好奇地问她："学校允许开吗？"她说，那个老师似乎跟学校搏斗了很久，学校基本不赞成。我又追问，这老师有办法晋升吗？她说，那位老师已经放弃晋升的念头了。我心想，这个老师真是特殊！

这样的教法，离最根本的受益，当然还有一点点的距离。但是，我觉得这位老师已经很了不起了。他身在学院，能不纠结于学术，能不光谈道理，而是直接诉诸学生的感受，这就不容易了。

# 中国学问建立在"感通"和"修行"的基础上

今天学院谈的中国学问，一来纠结于学术，二来又老爱讲道理。事实上，很多事情不是道理懂了，问题就能解决了。中国的学问，除了说理，向来都还有一个更重要的环节——修行。修行这词，若用儒家的话语，就是修身。《大学》里讲，"自天子以至于庶人，一是皆以修身为本"。《论语》里面，讲来讲去还是在谈修身。

修身首重真切，只要不真切，身就修不了。因此，《论语》里有几回孔子批评子贡，都是因为子贡爱说大道理，不真切。

正因为子贡常常话说得太大，言语不真切，所以有一回子贡问"君子"，孔子就针对他说道，"先行其言，而后从之"，做得到，你再说，否则，就少说几句吧！这样子的不吹嘘，不高大上，力求真切，一直是孔门修身的第一要务。但是，中国的读书人，越到后代，越爱说大道理，口气也越来越大，最有名的就是宋代张载的"横渠四句"，"为天地立心，为生民立命，为往圣继绝学，为万世开太平"，年轻时读此，佩服得简直要五体投地。而今有了一点人生阅历和生命实感之后，难免要感慨：能做得到吗？操作性在哪里呢？"为万世开太平"，可能吗？事实上，什么是生命的学问？生命的学问是"先行其言，而后从之"，做得到才说，做不到的就千万别说。在中国的学问里，做不到的，偏又爱说，那就叫"戏论"。

今天我们的大学里，就弥漫着戏论。这不仅因为源于西方的学院体制本来就有主客对立、理论与实践落为两截的根本问题，其实也根源于中国自宋代以后读书人就不断堆砌戏论，尤其那些越严肃的儒者越爱说戏论；越正经的读书人，越爱讲一些自己做不到的话。

当初子贡才说个"博施于民而能济众"，就被孔子踩了刹车；后来又说"我不欲人之加诸我也，吾亦欲无加诸人"，也被孔子批评。若将子贡所说的和张载的"横渠四句"相比，其实还真不算什么。然而，张载这无比高大上的"横渠四句"，却不知后代有多少读书人闻之而慷慨激昂、闻之而迷恋不已，进而终生奉为圭臬?!

大家回头翻翻《论语》，会发现孔子很不一样。他不爱标榜、不谈戏论，他所讲的志向，都是可以操作的，很具体、很平实，像家常菜一样。这正是孔子了不起的地方，这也才是真正生命的学问。反之，那种听来伟大得不得了的东西，多少都有假象；乍听之下，很迷人，但久而久之，人就会异化。所谓学问，一定要接地气，回到我们具体的情境，回到具体的感受。因此，我们读书得有种警觉：我读这东西干吗？我会讨论宇宙论，会争辩形而上学，跟我的生命真的有多大关系吗？时时刻刻要检查：读了这个东西之后，自己生命的状态到底有没有变得安稳？

对中国百姓而言，宇宙论、形上学从来就与他们每个人的生命安顿没太大关联。近百年来，中国人之所以纠结于此，是因为我们的文化自信被西方的坚船利炮打得七零八落。而今中国总算站起来了，一整个世纪的西化狂潮也进入了尾声，今天，中国人要找回文化自信，就该澄清中国学问的体质。学院这种聚焦于大脑的学问，本来就是建立在强调逻辑分析、强调客观论证的西方思维下的产物，但真正的中国学问不是这回事。中国学问定要先建立在"感通"和"修行"的基础上。

修行其实很具体。譬如《论语》里面所说的"孝",就是孔子的修行法。孝顺与修身有什么关系? 孝,首先是感通父母亲的心意,在家里要学会察言观色,对父母亲的状态能够随时感知。中国人对父母亲的感通,如果继续往上追溯,就会牵扯到祭祖的问题。《论语》除了礼、乐,最强调祭祀。今天我祭的是祖先,心里就是想念着、感通着祖先。如果祭的是天地,我就是在感通着天地。能感通到什么程度,是另回事。可至少在那一刹那,整个人是在一种虔诚清明的状态,这就是中国人的修身。

中国人通过祭祀,通过礼乐,通过具体的人伦关系,慢慢培养自己"感而遂通"的能力,这既是修行,也是学问。因此,《红楼梦》说,"世事洞明皆学问"。准确地说,这种"感而遂通",就是《大学》所说的"格物"。你的感通能力越强,眼力越够,你跟事物之间越没有隔阂,由此可深入到事物的最核心,这就是"格物"。然后就可以进入《大学》所说的第二个阶段——"致知"。

"致知"是在"格物"的基础上,把所格之物,说出一个所以然来。说得出个所以然,感悟才可长久,不易迷失,也不易异化。举个例子。前阵子我在辛庄师范上课,早上有一个小时带学生看京剧,那天看了1966年之前的一个录像,我请同学留意,有好几段过门,演员没唱念,只要乐队演奏时,京胡都会出现不协和音,感觉似乎走了音,可是,每次走音都走得那么"准"。换言之,乍听之下,感觉有那么一点儿不协调,可再细听,却发现京胡有办法让不协调显得那么协调。再认真一听，才发现真是好听呀！1966年之前，不少琴师就可拉到这种水平。

后来，有学生提问，琴师这么拉，是自觉的吗？我说，多数人是不自觉的，也没办法说明为什么这么拉会比较好。他可能因为老师就这么教，也可能直觉这样子好听。至于为什么要这样拉，为什么这样拉会比较好听，他通常是说不上来的。琴师说不上来，其实也无法苛求。毕竟，有些事情得在不自觉的状态下才容易学得好。一个人能将京胡拉到那种水平，这是格物；知道后头的原理，那是致知。如果没有致知的能力，一旦遇到音乐学院那群以西方音乐美学为标准的教授，一味强调音准，讲究音质纯粹，压根儿不能接受不协和音时，这些有大本领的琴师只能乖乖投降，接受改造，根本就毫无抵抗能力。因为那群人是掌握了话语权与论述权的教授，也因为琴师无法说出一个所以然来。

格物是知其然，致知是知其所以然。当一个人有了感通与修行的基础之后，又清楚自己为什么这样做，这种格物后的致知，就会使自己的生命亮亮堂堂、清清爽爽；这样的学问，就可以让你越走越稳。所以，真正的学问是养人的。真正的学问是让一个人越来越有朝气，不会让你越来越有暮气。

人世间所有的好东西都是养人的。有个年轻朋友跟我说，他现在住在北京鼓楼附近，二环内，房子很小，小到连一个写书法的地方都没有，当然也没有卫生间。但他十年来，搬来搬去，却始终住在二环内，这是因为，住在那个地方，他觉得特别养人。在那个地方走，特别有生活气息。会感觉到历史底蕴，和旁人的互动状态跟三五十年前老北京人的状态没有太大改变。

可是，如果住到四环、五环，或者更外面，只见高楼林立，走在街上，但觉一片荒凉，感觉不到一点点人的温暖。那种地方是没办法养人的。待久了，会觉得无趣得很。

这就好比我去广州的一些新区，马路很宽，人行道铺得也很好，但总觉得没有情味，无聊死了。可一到老广州，虽然许多人行道忽宽忽窄，破破烂烂，走着走着还有一个窟窿，可我会觉得老广州太有意思了。随便走走，那种南国繁茂的气息，充满了情味，这种地方是可以养人的。事实上，我们的衣食住行，与人来往，包括听的看的，读的书，做的学问，追根究柢，不就是为了要养人吗？

如果，读书读到后来，不仅养不了人，反而伤人，那么，除了是工作所需，万不得已，否则，真是不读也罢。学问这事，本来就充满了误区。当我们明白了这些误区，知道要跨越过去，时时刻刻拉回到学问的原点，那么，我们的生命状态，才会因为学问而日渐饱满。真正生命的学问，是让你一日有一日的领会，十年有十年的风光。

## 【现场问答】

问：孔子主张我们积极入世，要修身齐家治国平天下，我是公安大学的学生，属于行政类的学校，我们应该如何将他的生命的学问融合到行政中来呢？

薛仁明：首先我要提一下，大家讲孔子时，不要太过强调他的积极入世，最少，不要把他想成只是"积极入世"。事实上，孔子更接近整个中国文化的原形。所谓原形，是指《庄子·天下篇》所说的"道术为天下裂"之前、还没有出现诸子百家之前，中国文明还在一个比较完整、比较浑然的状态。孔子是比较接近这种状态的。换言之，你固然可以在他身上看到很多后来儒家的特质，但你也可以在《论语》《史记·孔子世家》里面读到很多跟道家相通的地方。对他而言，入世当然重要，但也并非那么地"积极"，那么地"非如此不可"，许多时候，他其实是在两可之间，若用他的话说，就是"无可无不可"。

正因如此，孔子晚年回到了鲁国，决定不再参政，他一样可以活得很安然。我常讲，任何时代，尤其我们今天，只要你活得安然，其实就是一种"最积极的入世"。今天的时代不缺乏有理想有抱负的人，更不缺乏想要改造社会的人，却最缺乏一个个安稳的人。今天中国只要出现千千万万个自在安然的人，好好过日子，好好尽本分，好好把身旁的人安顿好，中国的问题就解决大半了。这其实也是我们今天这个讲座的核心，所有的一切，都要回归到自身的修行上来，都要指向生命的安稳。这看似没太多作为，可这种没作为，实际上却是最大的作为。恰恰相反，当你一天到晚特别想做这做那时，一不小心，就容易本末倒置、异化颠倒。大家都知道"修身齐家治国平天下"，可当大家讲到这个时，都太容易忽略根本的"修身、齐家"，一下子就跳到最后面的"治国、平天下"上去了。

事实上，单单修身这件事情，就得忙一辈子了。孔子讲来讲去，大家感觉他积极入世，可他与那些国君的对话，更多还是谈个人的修身。最后说治国平天下，其实不过是把自己的修身再向外延伸一点，把自己安然的状态很自然地延伸出来罢了。换句话说，当你能够感通到别人的不安在哪里，因此有办法让别人心安，这就是最高级的政治了。

问：我是一名警察，上了五年班之后又考回来，我想问您，我平时除了自己去看书，去跟一些有学问的人交流外，怎么让自己的身心保持一种纯粹，得到更高层次的修养？

薛仁明：我的想法是，身心不一定要纯粹，但是要平衡。太过纯粹，有时反而容易失衡。有了平衡，生命才容易安稳。

我的建议是，看书或者是与有学问的人交流，当然可以。但身心真要平衡、生命真要安稳，更直接的方法，则是和生活周遭那些身心平衡、生命安稳的人多多亲近、多多来往。他们书读得多不多、学问大不大，都不要紧。只要是平衡安稳，接近久了，对我们的生命就会有帮助，这就是孔子所说的"就有道而正焉"。这种身心平衡的人，其实民间挺多的。

我最近在（北京昌平）辛庄乡下待了七八天，有几位老先生、老太太，一看到我，就会打个招呼。那样一种温润感，不比我在台湾民间感觉的差。台湾民间非常养人，我常在我的书里强调，我父亲是工人，母亲是工人，两人均未受过学校教育，都没有读过书。我强调这一点，是为了说明他们不识字、没读过经典，纯粹是民间长出来的人，但我年纪越大，却越能感觉到他们生命的安稳程度，其实是我许多满腹诗书的朋友望尘莫及的。

民间有民间修身的方式，乡下的邻里关系就非常养人。我小儿了刚出生时，住在老家，每天早上只要我父母亲抱他出来，顿时就会成为街坊的中心，所有人都要过来抱抱他，拧他一下，对着他笑一下。他在老家这一年半的经验，对他后来整个生命状态、身上特别明显的一种光明喜气，肯定是有影响的。

中国民间本来到处都有这样的邻里乡党，都有一种很淳厚、很温润、很养人的气氛，直接就能培养出许多身心平衡与安稳的生命。除了邻里关系之外，台湾民间几十年来没断过的祭祀传统，也值得一谈。我那本《这世界，原该天清地宁》，开篇写《先格物，后致知》，接着两篇则谈祭祀。祭祀是台湾民间最重要的格物之事。现今两岸有许多儒者，每天讲天下国家，具体操作层面却从来不谈，既不听戏，也不祭祀，更不讲礼乐。孔子讲来讲去都在讲礼乐，可孔子这些信徒的生活里却没有礼乐，这点很奇怪。

事实上，台湾民间，或者说，过去整个中国的民间，一向都是在祭祀、在礼乐的生活里过日子的。大家知道，所有重要的祭祀，一定要有音乐。庙宇但凡有祭祀，前面进行着典礼，对面戏台演着戏，旁边奏着音乐，这就是中国的礼乐风景。我结婚时，有个很高规格的祭祀，祭天（台湾民间称之为"拜天公"）时，全身得洗得干干净净，然后还要换一套全新的衣服，后来我才知道，这等于是斋戒沐浴。斋戒沐浴之后，我跟父亲、弟弟在半夜十一点多（子时）行三跪九叩大礼，旁边演着傀儡戏，吹着唢呐，我突然意识到婚礼真是一件大事，有种庄严感，有种与上天产生联系的真实感。

民间的人，都是透过类似的方式，把整个安稳的生命状态给一点一滴培养出来的，这就是他们的修身。他们没有特别去想修身的事，可透过这些事情，他们自然而然就会慢慢地修出来。又比如遇到人际冲突或烦恼痛苦时，他们都知道人生就是修行。包括夫妻相处时，得相互体谅，当忍则忍，这也是修行。如此一来，就会慢慢地改变自己，而不是老讲那些大道理。中国文化就是建立在这种人人都可具体操作的基础上的，无论是像孔子那样有大智慧的人，或者像我父母亲这样的文盲，都可以在这些事情上具体受惠。他们这样做，不仅自己受益，对整个社会、国家也是一种安定，这才是真正中国式的内圣外王。

总的来说，修身这事别想得太难，也别想得太远。如果你够谦虚，也够好学，单单生活周遭之人，就可以给你很多的启发。孔子说"三人行，必有我师焉"，就是这么一个意思。

**问：我们能不能做一个把古代的书院与现代的大学兼容并蓄的学校？**

薛仁明：我必须先强调一下，这百余年来，不论是中西文化，或者是传统跟现代，我们都花了太多时间、太多心力来强调如何融合与会通。但现在最大的尴尬是，我们连到底什么是"中国文化"，其实都早已说不清楚。如果我们连"传统文化"的真正特质都搞不明白，却整天忙着弄"融合会通"这些宏大的命题，你会不会觉得这种"宏大"很不现实呢？

至于书院，现今整个中国，书院很多，可真正具体操作得好、让人眼睛为之一亮、能够将生命与学问有机绾合的，却是少之又少，几乎找不出来。换句话说，当我们连书院怎么操作都搞不清楚时，又着急如何与现代的大学兼容并蓄，这样的问题，是不是也太不真切了？

因此，当务之急，我们先弄明白什么是"中国文化"，先搞清楚书院该怎么操作，到时，我们就会发现：有些东西的确能相通，但有些东西确实通不了。这些通不了的东西，不妨就各行其是吧！因此，我在前天的讲座中才会特别提出，就把大学还给西方与现代的学问吧！至于中国的学问，则必须在现今的大学体系之外另外成立一个迥然有别、能够真正将生命与学问结合的书院体系。我们不必好高骛远，也别着急，我们先打通生命与学问的任督二脉再说。

（2014年4月29日，作者讲演于北京大学宗教哲学研究会，有删节。后澎湃新闻网曾选登一部分，题目改为《中国学问要建立在"感通"和"修行"基础上》）

# 演讲3 中国人的生命气象

今年我共来北京四趟，每趟都待两个星期。换句话说，今年前后总共来了两个月。这两个月的主要任务，是去北京市昌平区北边一个叫辛庄的村子里上课。这所学校名叫辛庄师范，学生也就二十来人。学校从今年三月开办，七八个月下来，已经在好几个圈子里受到关注。我从春天上到夏天，然后又到秋天，现在再到初冬，仿佛四季的更替一样，我也看到这群学生的变化。最大的变化，正如今天的题目，他们多数人的生命气象打开了。在短短七八个月内，能让一个个学生的生命状态产生一定的变化，这就回到了教育的原点。教育在干吗？不就是翻转生命、打开生命的气象吗？可是，今天的教育却在偏离这种状态，也很少有学校在做这件事。即使有人如此标榜，实际上也没真做到。辛庄师范的独特之处，就在这里。

从这里，我们开始谈生命气象。提到"气象"这种词，我们谈了几千年，一直到现在，平时还在用，比如再过阵子，要过年了，大家写贺卡，自然会写"新年新气象"。这种词大家用得再寻常不过，可是在我们的学院里面，谈中国学问的人基本上不碰这种字眼。这很奇怪。

## 中国学问的困惑

这问题在哪里？就是现在的学院里不论历史系、哲学系、中文系，其实都是用西方的概念来谈中国学问，结果很多中国原有的名词，只要在西方概念里摆不下去的，自然就会被剔掉。一开始，我们先是慢慢用西方的名词来谈中国学问，等谈久了，我们学院里的中国学问就会越来越奇怪，越谈离中国人的生命状态越远，最后，就出现当年我在台大历史系所遇到的困境，读得越久，离我当初想要的就越远。为什么？因为整个学院体系根本上就是一个异化的体系。如果说，我准备以学术工作作为职业，这就算了，反正，每个人总要有个职业。但如果说，我不是为了职业，而是抱持着更大的情怀，这时，就难免越是深入越要失望了。正因如此，今年四月，我才会在北大做了一场《以书院取代大学文科》的讲座。

这意味着什么？意味着那天我所谈的事情，确实碰触到许多人的内心。换言之，有许多中国人对于中国学问是有憧憬、有期待的，但是，只要我们进入这个大学体系去做所谓的研究时，基本上我们是失望的，至少离我们的期待是有一段距离的。

我这一年所在的辛庄师范，也在尝试这么一个可能性：在那里谈中国学问，试图回到孔子所说的"修己以安人"的原点，直指人心，直面生命。后来发现，经过七八个月的学习，中国学问的确在这些学生身上产生了能量。当初我念了四年的台大历史系，尽管一直在认真地读儒释道，但读了半天，却没办法获得该有的能量。为什么？因为那样的路数、那样的方法，根本是有问题的。现在回头去想，我读台大四年，压根儿就没听过我们系上的老师认真谈过"气象"二字。为什么？说白了，就是"气象"这两个字根本没办法写论文。

为什么没办法写论文呢？简单地说，就是因为这两个字无法翻译成英文。只要是属于中国独特性的东西，就没有办法翻译成英文。比如萧瑟、苍茫，这是典型的中国字眼，在中国诗歌与文章里头，俯拾皆是，却根本没办法翻译成英文。其实中国有非常多的关键字，仔细一想，都是没有办法翻译的，像老子讲的"无"、佛教说的"空"，怎么翻译？中国人常讲的"精气神"三个字也没有办法翻译，但中国人却很清楚是怎么一回事，这些就是中国独特的东西。

孔子说，"必也正名乎"，今天整个学院谈中国学问最大的问题，就是我们一直没有办法正名，老是用西方名词来谈我们自己的学问。前一阵子中西医大战，西医下战帖，中医被质疑。中医沦落到今天这个地步，正是这几十年来建立在西方体制下的中医药大学给毁掉的，因为这样的体制，我们很难培养出真正像样的中医。其中根本的问题是什么，就在于整个思考架构是西医的，包括非常多的西医名词，结果，中医就毁了。

## 眼下的国学热让人喜忧参半

今天，我们要复兴中国文化，第一件事该做什么？就是正名，就是必须要用中国的名词、中国的字眼来谈中国的学问。我们只要用中国式的思考来谈我们自己的学问，中国学问的能量就会真正出现，像辛庄师范学生那样的生命翻转才有可能发生。只要继续西体中用，继续用西方的名词、西方的思考，就会让人觉得中国的学问要不可疑，要不就一无是处。把西方语言拿来好好地谈西方学问，这完全没问题。可是，千万别再用西方的语言来谈中国学问，也不要动不动就提孔子的哲学思想之类的问题，不要纠结这些东西。孔子重要的，不是他的哲学思想，而是他的生命气象。讲孔子，你还可以勉强分析他有什么哲学思想，如果换成颜回，你能说出他有什么哲学思想吗？大家知道，除了孔子之外，整本《论语》最重要的一个人是谁？是颜回，孔门第一大弟子。唐代之前，不像今人说"孔孟"，当时要不说"周孔"，要不谈"孔颜"。如此有分量的颜回，如果我们用文史哲的方法，会发现这人没啥好说的，简直就是一无是处。若从文史哲的角度分析，根本就没有办法谈他，但他在中国历史上的地位是如此显赫。大家进了孔庙，头一个拜至圣孔子牌位，第二个拜的就是复圣颜回。结果这么主要的一个人，我们的大学却几乎无法谈他。为什么？因为我们用的所有名词都无法对应他，所以说，我们用的名词，本身是有问题的。用这些名词来面对中国历史上这么一个响亮的人，竟然完全束手无策，你不觉得这个学问体系非常奇怪吗？

那么，谈颜回谈些什么呢？谈他的生命气象。传统读书，首先是观其气象。这么一个"观"，重点不在于大脑的分析，而在于整个生命状态的直接感受。感受颜回那种天清地宁般的生命气息，感受颜回那种湛然似水的静气。我在大陆出版的第一本书叫《孔子随喜》，很多人觉得我写孔子很特殊，角度跟别人不一样。最大的不同在哪里？简单说，我在谈气象。别人是在分析与论证，我只希望读者能有所触动。我不谈孔子的哲学，也不分析他的思想。我只想引领大家看看孔子的生命状态，看孔子如何面对自己与学生，又如何面对时代与历史。我常常读着读着，心头就震了一下；也常常读着读着，就忍不住笑了起来。因为我直接感觉到了那个气象。

说起孔子的气象，我其实挺担心大陆的国学热。说实话，眼下的国学热让人忧喜参半。喜，是因为这的确是件好事；忧，是因为站在台面上大声疾呼的人，常常是一群最偏执的人，一偏执，就可能把国学热带入歧途。这批人使命感深，战斗力强，能量也特别大。可听他那样子讲国学、谈孔子，心里总觉得怪怪的，会让人感觉有种比较极端、比较桎梏人的东西想要复辟似的。换句话说，这群人的生命气象是有问题的。正因如此，很多知识分子对于国学热有所抗拒或有所迟疑，其实是不无道理的。这当然也有知识分子个人的偏执，可能受"五四运动"的束缚过深，但凭良心讲，他们的某些情绪还是有道理的。毕竟，在这场国学热和文化重建的过程中，一开始冲在前面的人身上，仍不时可嗅得到当年"五四运动"要打倒的那种酸腐味，更严重的，甚至还有种礼教杀人的姿态。现在很多人对于国学虽然抱有好感，隐隐然却又觉得有啥不对劲，或许是觉得中国文化，尤其是孔子，不该是那群人所描述的那种桎梏人的、硬梆梆的、不苟言笑的样貌吧！

## 孔子和刘邦的大气象

实际上，孔子是个有大气象的人。什么是大气象呢？简单地说，就是能入能出，能吞吐，能开阖。大家知道，孔子很重视做人的基本底线，但你读《论语》，却会觉得孔子常常会做出一些让人费解、被学生质疑的事情。从这些地方，我们反而可以看到孔子的心胸与视野与常人不一般。我常讲的例子是管仲。《论语》里面，子路与子贡都曾因管仲的节操问题提出过质疑。

我们发现，不论孟子，或者曾西*，他们对管仲的态度跟孔子是很不一样的。孔子是一个有强烈现实感的理想主义者，在他的世界里，一个东西只要没有办法操作、没有办法落地，那就是假的东西。大家如果仔细读《论语》，会发现孔子固然标举理想，但他所谈的抱负，基本上是切身、可落实的。但是从孟子以后，读书人越谈越崇高，到了宋儒，更是变本加厉，满嘴都是些伟大之事，一直延续到现代。你看现在很多人一开口就高大上，听起来都很动人；如果你年轻的话，可能因此热血沸腾，巴不得抛头颅、洒热血，可到最后，就是一堆空头的理想。那些看起来好像很大气，但却是假的大气，说实话，不过就是口气很大罢了！真正的大气，要有强烈的现实感，要知道深浅，要知道别人的难处，要知道很多事情是不得已的，这时候对别人会产生一种根柢的敬意与同情，这才叫大气。而不是永远高高在上，俯视群黎，指点江山，这也骂，那也骂，这个也不行，那个也不行，那叫作猖狂。我们常把猖狂跟大气混为一谈，其实压根儿是两回事。大气的人跟猖狂的人最简单的区分方法，就是大气的人好相处，容得下人，看得出别人的好处。至于猖狂的人，尽管说话头头是道，私底下却多半无趣，通常心浮气躁，没半点安详。

---

　　*　曾西是曾参之孙，出现在孟子公孙丑篇；而《论语》"暮春三月"里的曾皙则是曾参之父。

论气象，我第一个讲孔子，第二个讲刘邦。我估计在座有不少人对刘邦印象不好，毕竟，这人实在太无赖了。一个人无赖到连老爹快被烹时，竟可以轻松自在地跟项羽说"幸分我一杯羹"，如此嬉皮笑脸，完全不当回事，确实太少见了。还有一次，刘邦逃命时看到追兵，二话不说，大脚一踹，就把儿子、女儿从马车上给踹了下去；夏侯婴赶紧下车把孩子拣起，刘邦眼看来兵又将追上，再踹第二次，后来又踹了第三次。踹到第三次之后，夏侯婴干脆让两个小孩像抱树干一样紧抱自己，免得刘邦再踹。潜台词是，你刘老三有种再踹，干脆把我也踹下去，马车你就自己开吧！两个小孩因此才保住安全。你们说，天底下有这种老爹吗？单单烹太公加踹小孩这事，刘邦就被骂了两千多年，凭良心讲，这似乎挺公道的。但有意思的是，这位从世俗角度来看实属十恶不赦之人，他所建立的朝代前后历经四百年，影响所及，一直到今天，我们自称是汉人，写的是汉字，说的是汉语。至于汉代所留下的一砖一瓦，连鲁迅看了都忍不住赞叹：真是大气。

论大气、论质朴，后来很少有朝代能超过汉朝的。我们现在讲汉唐，但唐也就三百年；论大气，唐固然可以比并；但论质朴，唐就差了一些。汉朝这样质朴又大气的原因到底在哪呢？关键之一，当然是开国者刘邦树立了出入吞吐、大开大阖的生命气象。平常我们跨越不了的，他轻易就可跨越过去；我们不谅解他的，他也压根儿无所谓。这个啥都无所谓的人，最后所成就的事业，却是我们无法望其项背的。说白了，刘邦没包袱，凡事都可出入自在。像他老爹被烹，若换成寻常人，肯定要心急如焚，可一心急，事情大概也就坏了。恰恰刘邦耍了

311

无赖,他老爹的命就保住了。又像那两个小孩,对刘邦而言,亦不当回事,该踹就踹,为什么?因为作为一个王者,最重要的一件事是自己活命。一个王者若是被抓,就不只是他一人被抓,而是很多人跟着遭殃。如果为了保住自己的小孩,让几十万人被坑杀,请问,这算哪门子王者?如果刘邦要当个好父亲,那就别来当王者。说白了,就是这样。再则,大家不妨认真想想,如果刘邦不踹,只要楚兵追上,小孩必死。可真踹了,一旦被楚兵抓到,小孩成为人质,基本上不会死。可是我们一般人在那当下,会舍不得,会觉得这么一踹很残忍,我们会被自己的情绪给缠住。正因为刘邦可以这么出入自在,所以他才有一些近乎特异功能的举动。有一次他被项羽射中了胸口,说时迟、那时快,他把箭奋力拔出,按住脚,大叫一声,项贼竟射中我的脚指头!大家稍微体会一下,换成我们被射中了胸口,痛得要死,且会要命,能瞬间做出这样的举动吗?刘邦这么做,是为了安定军心。为此,他可以把自己的剧痛甚至连性命都不当回事,这样的自由出入,你想想,这种人多可怕?!

刘邦最大的一个特异功能,其实是他的百战百败。一个人能输那么多次,不简单;在历史上要找到比他输更多的,也真不好找。在百战百败之后,能够完全不当回事,屡战屡败、屡败屡战,输得再惨、输得再狼狈,也不过就是一败。啥时都"不过一败"的他,不仅最终打下了天下,还打下了两千年来最质朴、最大气的大汉天下,这简直就是不可思议。

这不可思议的根源是什么?是刘老三把一般人承受不了的胜负成败不当回事,可以自由出入。这一点,对于在座各位,可能最有启发。各位多半是别人眼中的佼佼者,向来习惯被肯定。当我们习惯于此，觉得成功是理所当然之时，一旦有个大挫折，人生来个大否定，很可能会像项羽一样，瞬间跌落，就再也爬不起来了。项羽的自杀，可以说他有底线、有气节，可说白了，不就是他没了面子、丢不起人吗？换成刘邦，哪有面子问题？他可以自由出入于道德、出入于生死，当然也可以出入于面子问题。你想想，这样子的人，是立于什么样的一个高度，他的气象又有多大？

气象大的人，在吞吐开阖之间，难免会惹来争议。刘邦备受争议，其实是正常现象，也是好现象。你看孔子交往的人，说实话，也不少是可疑的，可是孔子还是跟他们来往，否则，他也不会去见南子。孔子见了南子，子路马上跳脚，还把孔子逼到赶紧发誓，说我绝对没做不该做的事！这都挺好玩的。孔子是没有洁癖的，他觉得再可疑的人也不妨来往。这是他的一种大气。

中国人这样的大气，从春秋到汉再到唐，一直大致如此。不论两汉、魏晋，乃至隋唐，气度都比较大，对是非善恶的问题也比较宽松。唐之前与宋之后的不同，可以体现在面对曹操的态度变化上。宋代以后，大家习惯讲"曹贼"；而唐代的人，却多说"曹公"。唐代的人当然知道曹操有瑕疵，可曹操的大气与活泼，是否认不了的，所以大家欣赏他、佩服他。宋代之后，中国人脑袋里装有太多的是非善恶，慢慢就被其束缚住了，结果动不动就喊"曹贼"，动不动就这也贼、那也贼。可在中国人的世界里，哪来那么多贼呀？唐宋时期出现这样的转折，孟子也是其中一个指标。唐代以前，不像后世那么重视孟子，也不以"孔孟"并称；《孟子》一书进入十三经，是在南宋，也就是中国文化气象已衰之后的事。宋代之后大谈"孔孟"，孟子的地位急速上升，主流儒者的姿态也跟孟子越来越像，姿态越来越高，开始这也不屑、那也不屑。

宋明之后，儒生日益变得是非分明、善恶对立，生出许多的二元对立，所以宋儒才会讲出"存天理、去人欲"这样的话。如果大家仔细读《论语》，哪有什么"存天理、去人欲"？天理跟人欲，本来就绑在一起，哪需要鲜明对立？只要用得好，人欲之中，自有天理；用得不好，即使满嘴天理，其实也都是人欲。中国人从来不觉得坏的东西非得把它消灭不可，宋明理学的"存天理、去人欲"，其实是违反中国人根柢的思维的。中国人根柢的思维类似于中医，中医面对癌细胞，不是把癌细胞杀掉，杀掉是西方的想法，也是宋明理学的思维。中医面对癌细胞，是要先跟癌细胞和平相处，然后再把身上的正气给养起来，当正气强大到某种程度时，癌细胞慢慢就没辙了，干吗非要杀它？

## 宋代以后读书人的自我定位出了问题

传统中国人的"善"，是可以养人的，不是整天拿来对抗"恶"的。可是到了宋明，善恶不断对立，读书人就开始变成正义的化身，一个个以真理自居，整天谈那些高大上的东西，于是，他们这也不屑那也不屑，似乎看啥都不顺眼；在他们眼里，自三代之后，中国历史根本就没一天是像样的。所谓汉唐盛世，他们不屑一顾，更别说刘邦这种"无赖"之人。宋代之后那些有理想、有抱负的读书人，不断以"道统"自居，觉得可以跟

314

"政统"相抗衡，甚至在心理上要凌驾于"政统"。这样的高姿态，才会有当年程颐在教宋哲宗时，可以用那么严厉的口吻教训皇帝。后来很多儒者觉得这是一个美谈，代表中国读书人作为王者师该有的典范。可从另外一个角度来讲，这也是中国读书人的某种异化。

这异化是什么？是读书人开始把自己越放越大，大到不现实的地步。宋代之后，读书人标榜"以天下为己任"，可乾隆皇帝不也说了：你们每个读书人都以天下为己任，那我干吗？这种"以天下为己任"的使命感，固然是好，可稍不留神，就会产生一种傲慢。后来读书人动不动就对朝廷、对皇帝采取这种高姿态，皇帝又怎么会感觉不到？元代糟蹋"臭老九"，固然是因为蒙古人不知道要尊重士大夫，但会不会与读书人这种自视清高有关系呢？这且不说，读书人的高姿态所造成的紧张与顾忌，确实直接造成了朱元璋对读书人的打压与凌辱。到最后，变成了恶性循环。明代之后，君臣关系变得非常不健康，相互提防，互不信任。

读书人把自己拉到这么高，说得好听，是充满了理想，可实际上，他们一方面对君主不满，另一方面对百姓有种不屑，满口高大上的他们，怎么跟百姓对得上话呢？结果自明代以后，中国读书人慢慢出现一个困境，就是他们上不着天、下不着地，悬在半空，变成一个非常怪异的族群。这种现象，到了现代，并没有改善，反而还有某种恶化。可是大家回头想想，读书人原来不是这个样子的。你看张良，作为一个王者师，刘邦那么尊敬他，他从头到尾并没有逾越为臣的本分，也从未以老师的高姿态来指导刘邦，他自己的定位很清楚，所以才能和刘邦保持那么健康的关系。诸葛亮也是一样。刘备对诸葛亮信任到那个地步，可诸葛亮从头到尾谨守本分，鞠躬尽瘁、死而后已，这样的君臣关系才可能长久。

一个人立身行事，能时时知道自己的分寸，就有一种气象在。一个人有气象，才能感觉到别人的状态。如果老是放大自己，目中无人，那只是个猖狂之徒，毫无气象可言。跟这种没有气象的人相处，很难说上几句话。这种人心量之小，与平日滔滔不绝的口气之大，恰恰形成最强烈的对比。心量小，就容不下人；心量小，就自以为是。我最不喜欢儒者宣称两千多年来中国从没一日"行道于天下"，也很不喜欢有人宣称两千多年来他是头一个解决了某某根本的大问题。每回我听了这种话，都只想说，你饶了我吧！

整个中国人的生命气象，宋儒是一个根本的转折。今天中国文化要重建，首先就得打开我们自己的生命气象。我们可以做的第一件事，就是学会看到别人的好处，看到旁人的可爱与动人之处。关于读书之事，读书人喜欢夸大读书的作用，讲什么"三日不读书，面目可憎"，这纯粹是读书人的自大。你们去民间看看，有些人一辈子从没读过书，面目可好看了！相反的，整天读书读到面目可憎的人，真是不少。事实上，读书这事本来就有利有弊，误区很多。只要我们清楚了误区在哪里，就有办法从读书这件事上获得好处。最简单的操作方法，是一本书读了一二十页之后，暂时先盖起来，看一下旁边的人是否有种明亮感，有种淡淡的喜悦，或者，看别人看得顺眼了一点，基本上，这就是一本好书。反之，如果一翻开就有股酸腐味，譬如满腔抱负无法伸展，上天对他不公，一身才华尽被蹉跎，诸如此类的，就是完全没有气象。有气象是什么？譬如颜回的样子。颜回不会轻易对人不屑，除了一身静气之外，就是一团和气。他活得安然，旁人与他相处，也会感染到这种安然。颜回除了自身生命安稳，也关心外面的世界，有淑世的理想，更有治世的能力，虽然时运不济，无法伸展抱负，但完全不妨碍他根柢的自在与从容。

今天这场讲座，就是希望大家都能找到自己的自在与从容。谢谢大家！

## 【现场问答】

问：老师刚才讲了"气象"，不知您有没有关于年轻人养成"气象"的建议？

答：具体操作的方法，第一个，就是多跟有"气象"的人来往。一个人有没有"气象"，其实很容易感觉得出来。只要跟此人相处，觉得轻松自在，基本上，对方就有些气象；如果跟他在一起，不仅轻松自在，还很自然地把自己生命中比较良善明亮的一面呈现出来，那么这种人的气象更大。如果用前面的话来说，这种人的大"气象"是会养人的。

第二个，可以多跟各式各样的人来往，不要整天只待在学校。没事时，不妨去菜市场逛一逛、聊一聊。我在台湾，平时住乡下，过的是"往来无鸿儒、谈笑皆白丁"的日子，最常往来的，就是卖菜的老板与卖鸡的老板娘，相处得都蛮好。说白了，这是让我自己落地。这么一来，就不会只用读书人的思维来看这个世界，可以学会能屈能伸，跟一些没读过什么书的人谈些有意思的事，对我的帮助很大。这些人常常不谈则已，一谈，还很到位，甚至比读了很多书的人更到位。这时，我们会心生佩服。当我们起了佩服之心，觉得对方不简单，我们的气象就变大了。我常说，司马迁是一个极有气象的人，在他笔下，每个人都可以闪闪发光。不管是失败的项羽，还是成功的刘邦，在《史记》中都一样动人。还有那些刺客、游侠，一般儒生看不上眼的，《史记》都能写得精彩！今天，如果我们也能看到每个人的精彩之处，我们的气象就不一样了。我就说这两点，供大家参考。谢谢！

（2014年11月19日，作者讲演于北京大学宗教哲学研究会。澎湃新闻网曾选登一部分，题目改为《读书人的自我定位出了问题，上不着天下不着地》）